ख़ूबसूरती से जीवन जीने की कला

डॉ. एच.एल. माहेश्वरी

ख़ूबसूरती से जीवन जीने की कला

फंडा
funda
राधाकृष्ण का उपक्रम

ISBN : 978-81-8361-837-3

मूल्य : ₹199

पहला संस्करण : 2017
दूसरा संस्करण : 2025

राधाकृष्ण का उपक्रम

प्रकाशक
राधाकृष्ण प्रकाशन प्राइवेट लिमिटेड
जी-17, जगतपुरी, दिल्ली-110 051

शाखाएँ : अशोक राजपथ, साइंस कॉलेज के सामने, पटना-800 006
पहली मंजिल, दरबारी बिल्डिंग, महात्मा गांधी मार्ग, प्रयागराज-211 001
1, अनमोल सोराबजी संतुक लेन, धोबी तलाव, मरीन लाइंस, मुम्बई-400 002
वेबसाइट : www.radhakrishnaprakashan.com
ई-मेल : info@radhakrishnaprakashan.com

मुद्रक
बी.के. ऑफसेट
नवीन शाहदरा, दिल्ली-110 032

KHOOBSOORTI SE JEEVAN JEENE KI KALA
by H.L. Maheshwari

दो शब्द

आज लोग इतने दुखी क्यों हैं? इस धरती पर इतना दुख-दर्द कहाँ से आया? आज हर आदमी पीड़ा से क्यों कराह रहा है? इसके लिए कौन जिम्मेदार है? ईश्वर ने क्या हमें इस धरा पर दंडस्वरूप जीवन देकर रोने-धोने के लिए भेजा है? नहीं, बिल्कुल नहीं।

जीवन हमारे लिए एक स्वर्णिम सौगात है। जीवन में अनुपम सौन्दर्य है। इसका एक अनुपम आनन्द है। लेकिन जिसे ज़िन्दगी जीने की अक्ल नहीं है, वही दुखी है। वही रोते-झींकते अपना जीवन बिता रहा है। प्राचीन रोमन दार्शनिक सिनेका ने लिखा है :

No man is unhappy except by his own fault.

यह पुस्तक हमारे दुखी और चिन्तापूर्ण जीवन से छुटकारा पाने और खूबसूरती से जीवन जीने की कला जानने के लिए लिखी गई है। पुस्तक में आपको वे बातें मिलेंगी, जिन्हें व्यवहार में लाकर आप एक सुखी और आनन्दमय जीवन जी सकेंगे। पुस्तक में दिए गए प्रामाणिक व्यावहारिक अनुभव पढ़ने के बाद आपको जीवन का आनन्द उठाने के लिए एक नई प्रेरणा और शक्ति मिलेगी।

पुस्तक को आप ध्यान से पढ़िए। यदि आप इसकी बातें आत्मसात् करेंगे और इसमें दिए गए सिद्धान्तों और सूत्रों को अपने जीवन में उतारेंगे तो आपको अपने आपमें एक आश्चर्य-जनक परिवर्तन नज़र आएगा। पुस्तक में दी गई तकनीकों का प्रयोग कर आप जीवन के हालात बदल सकते हैं। परिस्थितियों के हिसाब से चलने के बजाय उन्हें आप अपने हिसाब से बना सकते हैं।

प्रिय पाठको, आपसे मेरा विनम्र अनुरोध है कि इस पुस्तक को आप आहिस्ता-आहिस्ता पढ़ें। इसे पूर्वग्रह या किसी विचार के साथ जोड़कर पढ़ने की कोशिश न करें क्योंकि इससे पुस्तक के सार भाव (ज़ीस्त) को ग्रहण करने और उसे ज़िन्दगी में उतारने में अड़चन आएगी। यह पुस्तक केवल शब्दों का संग्रह नहीं, बल्कि आपके आध्यात्मिक और भौतिक संसार के साथ विचारों की व्यावहारिक नियमावली है। गुरुत्वाकर्षण की तरह मानव जीवन का यह नियम है कि हर कोई ज़िन्दगी को पूरी तरह जीने के लिए लोगों से प्यार करना व चीजों का इस्तेमाल करना सीखे, न कि चीजों से प्यार करना और लोगों का इस्तेमाल करना।

ज़िन्दगी को वर्तमान में जीने का चेतन निर्णय लीजिए। हर आने वाले पल का आनन्द लीजिए। पहले और बाद की चिन्ता मत कीजिए। याद रखिए—**अतीत इतिहास है, भविष्य रहस्य है और वर्तमान उपहार**। तो फिर क्यों न इस जीवन-रूपी उपहार या तोहफे को हम सम्पूर्णता से यानी सुख, आनन्द और उल्लास के साथ जीना सीखें!

इस पुस्तक के लिखने में मेरे पुत्र डॉ. पंकज माहेश्वरी एवं पुत्रवधू डॉ. श्रद्धा माहेश्वरी द्वारा दिए गए सहयोग एवं प्रेरणा के प्रति मैं उनका आभारी हूँ।

पुस्तक में उपयोग किए गए उदाहरण, दृष्टान्त, पद्यांश, शेरो-शायरी एवं शोध रिपोर्ट्स आदि सभी के स्रोत नोट नहीं कर पाया हूँ लेकिन सभी लोगों के प्रति मैं आभार व्यक्त करता हूँ।

यह पुस्तक उस धागे के समान है जिसमें विभिन्न अध्यायों-रूपी फूलों को पिरोकर 'खूबसूरती से जीवन जीने की कला' रूपी एक सुन्दर हार का सृजन किया गया है। सुखी और आनन्दमय जीवन के लिए यह सुन्दर हार आपको समर्पित है।

— डॉ. एच.एल. माहेश्वरी

निवास—
11 महावीर नगर, विद्यानगर के पास
सांवेर रोड, उज्जैन (म.प्र.)

अनुक्रम

ज़िन्दगी ज़िन्दादिली का नाम

उदास आदमी जी ही नहीं रहा है, न जी सकता है। उसे जीवन कला का ही पता नहीं। केवल वे जीते हैं जो हँसते हैं, जो खुश हैं, जो प्रफुल्लित हैं, जो जीवन के छोटे से छोटे कंकड़-पत्थर में भी खुशी के हीरे-मोती खोज लेते हैं, जो जीवन के छोटे-छोटे रस में भी परमात्मा की किरण खोज लेते हैं, जो जीवन के छोटे-छोटे आशीषों में, जीवन के छोटे-छोटे आशीषों की वर्षा में भी प्रभु-कृपा का आनन्द अनुभव कर लेते हैं। केवल वे ही जीते हैं। केवल वे ही जीते हैं। केवल वे ही सदा जिए हैं और कोई भी आदमी जिन्दा होने का हकदार नहीं है—जिन्दा नहीं है।

—आचार्य रजनीश

सर्वप्रथम तो मैं यह जानना चाहता हूँ कि आप सभी क्या पूरी तरह जीवित हैं? मेरा यह प्रश्न आपको कुछ कड़वा, कुछ अटपटा लग रहा होगा। लेकिन वास्तविकता तो यही है कि इस धरती पर हजारों-लाखों आदमी ऐसे चलते-फिरते दिखाई देते हैं जो वास्तव में जीवित नहीं हैं।

एक आदमी चलता-फिरता है, खाता-पीता है, साँस लेता है, कुछ-न-कुछ काम भी कर लेता है। इससे यह प्रकट नहीं होता कि वह जीवित भी है। मेडिकल साइंस के अनुसार वह जीवित माना जाता है किन्तु व्यावहारिक दृष्टि से वह मृत है क्योंकि उसे देखकर दूसरे के अन्दर जीवनशक्ति उत्पन्न नहीं होती। ऐसे व्यक्ति की सोच अत्यन्त निराशावादी और ज़िन्दगी को बोझ समझकर मजबूरी में ढोनेवाली होती है, जो ज़िन्दगी को एक सज़ा मानकर काट रहा है।

ये तो है एक कड़ी सज़ा साँई,
ज़िन्दगी की न दे दुआ साँई।

या फिर सोचता रहता है :

माँगने से जो मौत मिल जाती, कौन जीता फिर इस ज़माने में।

किसी भी प्रकार से आधे मन से, बुझे हुए मन से, मरे हुए मन से जीवन का भार ढोना या जीवन व्यतीत कर लेना ही पर्याप्त नहीं है। हमारे बदन का हर भाग और हर भाग का हर रोम और कोष पूर्ण जीवन से भरपूर होना चाहिए।

हमें चाहिए कि हम पूर्णरूप से ज़िन्दादिल, हँसमुख, हल्के-फुल्के और गरमी और उत्साह से भरे हुए हों। हमारी गर्मजोशी तथा शक्ति की कोई सीमा न हो। ऐसे ही जीवन का नाम पूर्ण जीवन या ज़िन्दादिली है और ऐसे लोग ही वास्तव में जीवित माने जाएँगे। किसी न ठीक ही कहा है :

ज़िन्दगी ज़िन्दादिली का नाम है,
मुर्दा-दिल क्या ख़ाक जिया करते हैं।

ज़िन्दादिल लोगों के चेहरों पर हर्ष और होंठों पर मुस्कुराहट होती है। हम उन्हें कितना पसन्द करते हैं, हम उनके चेहरे को, उनकी आँखों को, उनकी मुस्कान को देखते हैं। बार-बार देखते हैं और नहीं थकते। उन्हें देखकर हमारे विचार और भावनाओं में ताज़गी आ जाती है। हमें ऊर्जा मिलती है।

जब तक ज़िन्दगी है, ज़िन्दादिली के साथ जियो। ज़िन्दादिली एक ऐसा फॉर्मूला है जो इनसान की हिम्मत को हमेशा जवाँ व अक्ल को हमेशा रोशन रखता है। आखिर ज़िन्दगी का हर दिन हमारी तवारीख का एक दिन होता है। ज़िन्दगी के हर कदम पर फूल-ही-फूल बिखेरते जाएँ तो एक दिन गुलिस्ताँ बना हुआ अवश्य पाएँगे। ज़िन्दगी के रंगीन वाकयात पर ऐसे फूल बिखेरें कि लोग उन्हें चुनने के लिए बेकरार रहें और दिली रश्क करें।

सुख क्या, कहाँ और कैसे

यह संसार सुखों का मूल है। दुख तो भोजन की थाली में चटनी सरीखा है। सुखों की विविधता संसार के आकर्षण का केन्द्र है। मरने के बाद तो अनेक अटकलें लगाई जाती हैं। मरने के बाद भी स्थिति के बारे में आज तक कोई नहीं बता पाया। पुण्य-पाप की अनेक परिभाषाएँ दी गई हैं। इन परिभाषाओं और अवधारणाओं के बाद भी संसार का सुख बेमिसाल है।

—डॉ. श्रीराम परिहार

सुख-प्राप्ति की चाहत हर मनुष्य में होती है, यह चाहत उसका सहज स्वभाव है। आनन्द, खुशी, मौज-मस्ती के लिए वह निरन्तर प्रयत्नशील रहता है। जीवन में हर पल उसका भरपूर प्रयास रहता है कि वह इस संसार में ज्यादा-से-ज्यादा सुख बटोर ले। अपने आस-पास के वातावरण को भी वह अपने मन के मुताबिक आनन्द के अनुसार ढालने के लिए भटकता है।

सुख की चाहत मनुष्य की ताउम्र खत्म नहीं होती और मृत्यु के पूर्व भी बनी रहती है। इस चाहत में उसका भटकाव इस कारण बना रहता है कि उसे स्वयं यह पता ही नहीं होता कि उसे जिस सुख की तलाश है, आखिर वह क्या है और कहाँ है!

सुख क्या है?

सुख की कोई परिभाषा नहीं है। सुख कोई भौतिक वस्तु भी नहीं है जिसे खरीद लिया जाए, न ही यह कोई समय पश्चात् निश्चित रूप से प्राप्त होने-वाली सीमा में बाँधा जा सकता, न ही कोई यह सांयोगिक मिश्रण ही है कि अमुक-अमुक मिश्रण को एक निश्चित मात्रा में मिलाया जाए तो इतनी मात्रा में सुख बन जाएगा। फिर भी सुख को अपने-अपने हिसाब से लोगों ने परिभाषित करने का प्रयास किया है।

अमेरिकी चिन्तक **इमरसन** का कहना है, "यदि मनुष्य केवल सुखी ही होना चाहे तो उसकी इच्छा पूरी हो सकती है, किन्तु हम अन्य व्यक्तियों की अपेक्षा अधिक सुखी रहना चाहते हैं और इसी में कठिनाई उत्पन्न हो जाती है।"

रस्किन के अनुसार, "सुख सर्वत्र विद्यमान है, उसका स्रोत हमारे हृदय में है।"

शेक्सपियर ने एक स्थान पर लिखा है, "हमारे विचार ही प्रतिकूलता और अनुकूलता गढ़ते हैं, वे ही हैं जो उदासी और प्रसन्नता देते हैं।"

ईसा मसीह का कथन है, "स्वर्ग और नरक हमारे भीतर है।"

प्राचीन रोमन दार्शनिक सिनेका का कथन इस सम्बन्ध में बड़ा महत्त्वपूर्ण है। उनका कहना है :

No man is unhappy except by his own fault.

हर दुखी आदमी सिर्फ अपनी गलती से दुखी है, जिसे जीवन जीने की अक्ल नहीं है, वही दुखी है।

उपर्युक्त विद्वानों के कथन के आधार पर सुख के बारे में हम निम्नांकित पहलुओं से विचार कर सकते हैं :

सुख एक विशिष्ट नजरिए में है।

हूयू डाउंस का कथन है कि सुखी व्यक्ति किन्हीं विशिष्ट परिस्थितियों में रहनेवाला व्यक्ति नहीं है, बल्कि विशिष्ट नजरिया रखनेवाला व्यक्ति है। बहुत से लोग मानते हैं कि सुख एक स्थिति है। जब घटनाएँ बुरी होती हैं तो वे दुखी होते हैं। कुछ लोगों को एक बीमारी होती है जिसे मैं लक्ष्य की बीमारी कहता हूँ। वे सोचते हैं कि सुख किसी पद या स्थान पर पहुँचकर ही पाया जा सकता है। दूसरों को 'किसी व्यक्ति विशेष की बीमारी' होती है। वे सोचते हैं कि किसी व्यक्ति विशेष को जानने या उसके साथ रहने से ही सुख मिलता है।

प्रेम और काम में आनन्द ही सुख है

एक विद्वान का कथन है कि सुख के सिर्फ दो रास्ते हैं। एक प्रेम और दूसरा काम। जीवन में वास्तविक सुख प्राप्त करने के लिए दो कदम उठाइए। पहला, हर मानवीय सम्बन्ध में प्रेम का समावेश कीजिए। दूसरा, ऐसा काम खोजिए जिसमें आपको आनन्द आए और फिर उसे अच्छी तरह से करने में अपनी शत प्रतिशत ऊर्जा लगा दीजिए। सबसे प्रेम करें और काम करने का आनन्द लें। अगर आप ऐसा कर लें, तो यह बात तय है कि आप सुखी रह सकेंगे।

सुख-दुख मन के प्रतिबिम्ब हैं

वास्तव में सुख और दुख और हैं क्या ? वे हमारे मन के ही प्रतिबिम्ब हैं। हम जिसे चाहते हैं वही सुख है और जिससे नफरत करते हैं वही तो दुख है। एक आदमी घर जाने को उत्सुक था। वह बोला—मुझे छह महीने हो गए हैं घर ही नहीं पहुँचा हूँ। बीच में जब वह अपने एक मित्र से मिलने गया, वह बोला—दोस्त बहुत दुखी हूँ। छह महीने हो गए मैं घर से बाहर ही नहीं निकला। अब आप ही बताइए सुख कहाँ है घर में या बाहर।

सुख सकारात्मक सोच में है

खुशियाँ तो कस्तूरी की तरह हमारे अन्दर ही बिखरी हैं और हम उसकी गन्ध से विचलित मृग की तरह यहाँ-वहाँ भटक रहे हैं। हम जिन खुशियों और जीवन के मोती तुल्य क्षणों को धन की खनक और भौतिकता के शामियाने में खोज रहे हैं, वे अमूल्य रत्न तो अधरों की मुस्कान में, आम की, बरगद की छाँव में, तालाब की लहरों में, नदियों की कल-कल में, पहाड़ों के शिखर और मन की गहराइयों में छुपे हुए हैं। यदि हमारी नजरें पारखी हैं तो हमें किसी भी जगह खुशी मिल सकती है और हमारे जेहन में नकारात्मक सोच है तो हमें कहीं भी खुशी नहीं मिल सकती।

समाज-सेवा में सुख है

अध्ययन और सर्वेक्षण यह बताते हैं कि समाज-सेवा जैसी परोपकारी गतिविधियों से जुड़े व्यक्तियों की आयु अनपेक्षित रूप से बढ़ जाती है। कल्याणकारी भावनाएँ हमारे शरीर में अच्छे रसायनों को सक्रिय करती हैं। इसका एक कारण यह भी हो सकता है कि जब हम दूसरों के दुखों में सहभागी बनते हैं तब हमें अपने दुख कम दिखाई देते हैं या हम अपने दुखों को भूल जाते हैं।

सुख हृदय में छिपा बैठा है

एक बार देवताओं ने अपनी सभा में यह निर्णय किया कि सुख को कहीं ऐसी जगह छुपा दिया जाए जिसका पता मनुष्य को आसानी से न लग सके।

उन्होंने देखा मनुष्य तो स्वर्ग-नरक, आकाश-पाताल में भी पहुँच जाता है। यहाँ कहीं पर भी सुख को रखने से वह उसे खोज निकालेगा। कोई ऐसा स्थान देखना चाहिए, जहाँ पर वह पहुँच न पाए। यह सोचकर उन्होंने निर्णय लिया कि और कोई भी स्थान सुरक्षित नहीं है। केवल एक ही स्थान सुरक्षित है और वह है मनुष्य का हृदय। वहाँ अगर सुख को रख दिया जाए तो मनुष्य आसानी से उसे प्राप्त नहीं कर सकेगा। देवताओं ने मनुष्य के हृदय में वह सुख रख दिया। फल यह हुआ कि जैसे कस्तूरी मृग अपनी ही नाभि में रखी

हुई कस्तूरी को ढूँढ़ने के लिए जंगल में मारा-मारा फिरता है और रात-दिन उसके लिए तड़प-तड़पकर अपने प्राण गँवा देता है, वैसे ही मनुष्य भी आज सुख ढूँढ़ने के लिए आकाश-पाताल एक कर रहा है। उसे यह पता नहीं चल रहा है कि जिसे मैं बाहर ढूँढ़ रहा हूँ, वह तो मेरी आत्मा में ही छुपा बैठा है।

दुख में भी सुख है

जिसने दुख को जाना ही नहीं, समझ लीजिए वह भी दुखियारा है। ईरान की रानी गुलनार को इतना अधिक सुख था कि खोजने पर भी दुख दिखाई नहीं देता था। एक दिन रानी उदास बैठी थी, उसके पति बादशाह फिरोज ने जब उसे देखा तो पूछा—आज तुम उदास क्यों बैठी हो? दुनिया में ऐसी कौन सी वस्तु है, जो तुम्हारी सेवा में हाजिर न की जा सकती हो। फिर तुम्हारी उदासी का कारण क्या है? रानी ने खिन्न मन से उत्तर दिया—जहाँपनाह, मुझे किसी प्रकार का दुख नहीं है, बस यही मेरी उदासी का मूल कारण है। एकान्त सुख से तो मैं ऊब गई हूँ।

सुख सर्वत्र विद्यमान है

गोबर का कीड़ा गोबर में ही सुख मान बैठता है। उसके सामने द्राक्ष भी रख दी जाए तो वह गोबर छोड़ना नहीं चाहेगा। तो क्या सुख गोबर में रखा हुआ है? चकोर के सामने कपूर और अग्नि दोनों रख दी जाएँ तो वह कपूर को छोड़कर अग्नि को ही ग्रहण करेगा, तो क्या अग्नि खाने में सुख है? जो भँवरा काष्ठ में भी छेद कर अपना घर बना लेता है, वही कोमल कमल की पँखुड़ियों में कैद हो जाता है, बाहर नहीं निकल पाता, तो क्या बन्धन में सुख है? पतंगा दीपक पर गिरकर मर जाता है पर वहाँ से हटना ही नहीं चाहता, तो क्या मर जाने में सुख है?

सुख मन के भीतर है

एक जिज्ञासु भक्त एक सन्त के पास गया और उसने प्रश्न किया कि सुख क्या है? मुझे वास्तविक सुख के दर्शन कराइए।

सन्त ने विचारकर कहा, "सामने तालाब में मगरमच्छ पड़ा हुआ है, उसी से पूछ लो। सम्भव है कि वही तुम्हारे इस प्रश्न का समाधान कर दे!"

भक्त मगरमच्छ के पास गया और उससे वही प्रश्न उसने किया। मगरमच्छ ने उत्तर दिया, "तुम्हारे प्रश्न का उत्तर दूँगा। पहले तुम मुझे पानी पिलाओ, मैं बहुत प्यासा हूँ।"

इस बात से भक्त को बड़ा आश्चर्य हुआ, उसने कहा, "तुम विशाल-जलराशि में पड़े हो और कहते हो कि प्यास लगी है। क्या यह तुम्हारा अज्ञान नहीं है?"

तब सुख का रहस्य बताते हुए मगरमच्छ ने कहा :

"तुम अपने अन्दर की ओर दृष्टि करो, बाहर भटकना छोड़ो,
तुम अनन्त सागर में पड़े हो, उस सुख-सागर में डुबकी लगाओ
और अपने मन की सुख की प्यास को शान्त कर लो।"

भक्त सुख के रहस्य को भली-भाँति समझ गया।

मीठा घोल हैं खुशियाँ

वास्तविक रूप में खुशी क्या है? किस चीज का नाम खुशी है? इसका उत्तर कोई नहीं हो सकता, क्योंकि खुशी कोई वस्तु नहीं है, इसका कोई आकार नहीं है, बल्कि खुशी उस अदा का, उस व्यवहार का, उस कृति का नाम है जिसे देखकर आस-पास के सभी लोग खुश हो जाएँ। खुशियाँ जीवन को मीठा बनानेवाला घोल हैं। खुशियों को इजहार करने के कई तरीके हैं। मधुर वार्तालाप से भी हम सामनेवालों पर खुशियों की फुहार बरसा सकते हैं। इसके लिए किसी बड़े त्याग की जरूरत नहीं है, बस छोटी-छोटी बातों से दफ्तर के सहकर्मियों और प्रियजनों को खुश कर सकते हैं और उन्हें खुश देखकर खुद भी खुश हो सकते हैं और सुख का अहसास कर सकते हैं।

सुख-दुख अपने ही जाए हैं

डॉ. श्रीराम परिहार का कथन है, "सुख-दुख अपने ही जाए हैं। हम ही उन्हें पैदा करते हैं और हमी उन्हें पोसते हैं। क्या सुबह का सूरज सचमुच हँसता है? शाम का सूरज क्या उदास होता है? सुबह-शाम के रंगों में हम अपनी ही इच्छाओं, भावों, और चित्त-दशाओं के रंगों की झिलमिलाहट पाते हैं। सूरज का उदित होना और अस्त होना दोनों ही सहज क्रियाएँ हैं। दोनों ही दशाओं में सूरज उल्लास और विषाद से निरपेक्ष रहता है।"

कृतज्ञता भाव में खुशी और सुख

कैलिफोर्निया विश्वविद्यालय, अमेरिका के मनोवैज्ञानिक रॉबर्ट एमन्स का कथन है कि कृतज्ञता का भाव जिन लोगों में होता है, उनकी सोच सकारात्मक होती है। कृतज्ञता इनसान की ज़िन्दगी में खुशियाँ बिखेरकर उसे सुखी बनाने में मददगार होती है। उनके शोध अध्ययन के अनुसार कृतज्ञता का मानसिक स्वास्थ्य के साथ भी मजबूती से सम्बन्ध है। कृतज्ञ लोगों में खुशी का स्तर भी अधिक होता है। वे तनाव में कम रहते हैं। अतः उनके अपेक्षाकृत सुखी रहने की सम्भावना ज्यादा रहती है।

अन्त में कहा जा सकता है कि हमारा सुख हमारे प्रयत्नों, सोच, संकल्प, मनोवृत्ति आदि पर निर्भर होता है। कोई दूसरा व्यक्ति हमें सुखी नहीं बना

> केवल आध्यात्मिक ज्ञान ही ऐसा है, जो हमारे दुखों को सदा के लिए नष्ट कर सकता है।
>
> **—स्वामी विवेकानन्द**

सकता। आशावाद और सकारात्मकता का सुखी होने या सुखी मानने की भावना में सबसे बड़ा योग रहता है। जो लोग दो टाइम की दाल-रोटी खाते हैं, स्वस्थ रहते हैं और प्रभु इच्छा के प्रति समर्पित होकर उसे सर्वोपरि मानकर बड़े-से-बड़े नुकसान और कमी को भुला देते हैं, सुख किसी प्यारे बच्चे की तरह उनकी गोद में अठखेलियाँ करता दिखाई देता है।

आप कितने सुखी हैं—सुख का माप

हम सब जानते हैं कि हर पदार्थ को मापने के लिए मापदंड या पैमाने बने हुए हैं। तापक्रम को हम थर्मामीटर से मापते हैं। हवा के दबाव को बैरोमीटर से मापा जाता है। तरल पदार्थ की मात्रा को लीटर में तथा सड़क की लम्बाई को किलोमीटर में मापते हैं। क्या ऐसा कोई पैमाना, माप (Measuring Scale) है जिससे हम लोगों के सुख को माप सकें और यह जान सकें कि कौन व्यक्ति कितना सुखी है?

सुख का सम्बन्ध चूँकि आदमी के मन या सोच से है और आदमी के मन पर किसी का नियंत्रण नहीं है, अत: अभी तक ऐसा कोई मीटर या पैमाना नहीं बन पाया है, जिससे व्यक्ति के सुख को मापा जा सके और हम यह जान सकें कि अमुक व्यक्ति कितना सुखी है।

फिर भी समय-समय पर व्यक्तियों के सुख को मापने के लिए कुछ मानक (Norms) तैयार किए गए हैं। महात्मा विदुर ने सुखी व्यक्ति के छह लक्षण बताए हैं :

1. निरोगी रहना।
2. ऋणी न होना।
3. परदेस में न रहना।
4. अच्छे व्यक्तियों से मेलजोल होना।
5. अपनी वृत्ति से जीविका चलाना।
6. निडर होकर रहना।

इसी प्रकार वर्तमान में सुखी व्यक्ति की जो कल्पना की गई है, उसके लिए चार शर्तें बताई गई हैं :

पहिला सुख निरोगी काया
दूजा सुख घर में हो माया,
तीजा सुख नारी सन्नारी,
चौथा सुख पुत्र हो आज्ञाकारी।

शर–शय्या पर लेटे हुए **भीष्म पितामह** से जब पूछा गया कि सबसे बड़ा सुख क्या है ? तो उन्होंने उत्तर दिया—विद्या के समान कोई नेत्र नहीं, राग के समान कोई दुख नहीं और त्याग के समान कोई सुख नहीं।

चाणक्य नीति में बताया गया है कि शान्ति जैसा तप नहीं है, सन्तोष से बढ़कर सुख नहीं है, तृष्णा से बढ़कर रोग नहीं है और दया से बढ़कर धर्म नहीं है।

इसलिए कहा गया है :

गौधन गजधन बाजिधन और रतनधन खान।
जब आवे सन्तोष धन सब धन धूरि समान।।

सुख का धन से क्या सम्बन्ध है। अधिकांश लोग सोचते हैं कि जो अधिक धनी है, वह उतना ही सुखी है। इस हिसाब से अधिक वेतन पानेवाले सुखी और खुशहाल ज़िन्दगी बिताते होंगे, लेकिन ऐसा नहीं है।

ब्रिटेन में किए गए एक सर्वेक्षण ने यह सिद्ध कर दिया कि पैसा ही सब कुछ नहीं होता। अबरडीन यूनिवर्सिटी (Aberdeen University UK) के प्रो. डॉ. रेनिआ लिओनटैरिडी और यूनिवर्सिटी ऑफ वेल्स, स्वानसिआ (University of Wales, Swansea) के प्रो. पीटर स्लोएन के नेतृत्व में किए गए इस सर्वेक्षण में पाया गया कि कम पैसे कमानेवाला ब्रितानी ज्यादा पैसा कमानेवाले ब्रितानी की तुलना में अधिक सुखी रहता है। डॉ. रेनिआ के अनुसार, कम समय काम करके कम पैसा कमानेवाले ब्रिटेन निवासियों को तनाव भी कम होता है। इसके अलावा अपने परिवार के साथ ज्यादा समय बिता पाना उनकी सबसे बड़ी खुशी होती है।

अमेरिका के मनोवैज्ञानिकों द्वारा ब्रिटेन में किए गए एक शोध रिपोर्ट के अनुसार, ब्रिटेन में हर हफ्ते 255 डॉलर कमानेवाला व्यक्ति अधिक कमानेवाले व्यक्तियों की तुलना में अधिक खुश रहता है। सरकारी मापदंडों के अनुसार एक ब्रितानी की औसत इनकम 19 हजार 936 डॉलर प्रतिवर्ष है, जबकि दो-तिहाई लोग 13 हजार 290 डॉलर प्रतिवर्ष कमाते हैं। लगभग 10 हजार वर्कर्स और 5 हजार परिवारों को लेकर हुए इस सर्वेक्षण में पाया गया कि पुरुषों की तुलना में महिलाएँ अपने काम से ज्यादा खुश हैं। रिपोर्ट में बताया गया है कि पेट्रोल इंजीनियर टेरी जुड ने अपनी 500 डॉलर प्रतिदिन कमानेवाली नौकरी छोड़कर 15 हजार डॉलर प्रतिवर्ष की नौकरी सिर्फ इसलिए ज्वाइन की है ताकि वह अपने परिवार के साथ ज्यादा समय गुजार पाए। टेरी कहते हैं कि अब वे काफी 'रिलैक्स्ड' हैं, क्योंकि उन पर 'वर्कलोड' नहीं है। डॉ. स्लोएन के अनुसार, अधिक कमानेवाले वर्करों को काम के अलावा अपने प्रमोशन और नौकरी का खतरा बना होता है, जिससे वे घर में भी चैन से नहीं रह पाते हैं।

ओहियो स्टेट यूनिवर्सिटी के मनोवैज्ञानिक डॉ. लिनचिएठ चेंग और रॉबर्ट एम. अर्किन ने 'मटीरियलिज्म' और खुशियों के सम्बन्धों को जाँचने के लिए किए गए एक अध्ययन में पाया है कि वास्तव में मटीरियलिज्म जीवन में खुशियाँ, प्यार और सन्तुष्टि नहीं ला सकता। वैज्ञानिकों के अनुसार इसकी दो वजह हैं। पहली वजह यह है कि मटीरियलिस्टिक व्यक्तियों का ध्यान इस तथ्य पर नहीं होता कि उनके पास क्या-क्या है। वे हमेशा उन लोगों को देखते हैं, जो उनसे कुछ अच्छी स्थिति में हैं। यही तुलना उन्हें हमेशा दुखी और तनावग्रस्त बनाए रखती है।

मनोवैज्ञानिकों के मुताबिक दूसरी वजह यह है कि मटीरियलिस्टिक व्यक्तियों में अहसास विकसित नहीं हो पाता कि वे एक व्यक्ति के रूप में वास्तव में क्या हैं। इसकी भरपाई वे महँगी-महँगी चीजें खरीदकर करना चाहते हैं और आशा करते हैं कि ये महँगी चीजें अन्य लोगों को इम्प्रेस करेंगी। वे अपने व्यवहार या रिश्तों के निर्वाह के द्वारा कोई स्थान हासिल करने की बजाय अपने लिए एक पहचान खरीदना चाहते हैं। यही वजह है कि मटीरियलिस्टिक व्यक्तियों में उनके करीबी लोग कभी सन्तुष्ट नहीं होते हैं और वे हमेशा किसी के प्यार या भावनात्मक सहारे के लिए तरसते रहते हैं।

धन कुबेर **हेनरी फोर्ड** से जब यह पूछा गया कि क्या आप दुनिया के सबसे अधिक सुखी व्यक्ति हैं? तो उन्होंने उत्तर में यही कहा कि मैं तो धन को ढोनेवाला बैल हूँ। धन-सम्पत्ति से भी क्या कभी किसी को सुख मिला है!

ऑस्ट्रेलियाई विद्वानों और विशेषज्ञों के एक नए रिसर्च में भी इस बात की पुष्टि हुई है कि भौतिक सुख पाने की असीमित लालसा इनसान की मन की शान्ति खत्म कर देती है। विशेषज्ञों ने अपने विस्तृत अध्ययन में भौतिक वस्तुओं को प्राप्त करने की अत्यधिक चाह और नकारात्मक मनोवैज्ञानिक प्रवृत्तियों के बीच काफी गहरा सम्बन्ध पाया है। अध्ययन दल के प्रमुख न्यूकैसल यूनिवर्सिटी के प्रो. **शाओन सेंडर्स** कहते हैं कि पैसे की चाह में आदमी पागल रहता है, लेकिन क्या पैसे से आज तक कोई मन की शान्ति खरीद सका है? ज्यादा पैसा और सुख-सुविधाएँ जुटा लेने की फिक्र में इनसान बदहवास होकर पैसे के पीछे भागने लगता है। इस उठापटक से वह अपने लिए भौतिक सुख-सुविधाएँ तो हासिल करने में कामयाब हो जाता है, लेकिन पैसे कमाने की इस आपाधापी में उसके भीतर का चैन खत्म हो जाता है, जिसके कारण वह मानसिक रूप से अशान्त हो जाता है।

सेंडर्स का कहना है कि लोग अपनी तुलना दूसरों से करने लगते हैं। दूसरे के ठाट-बाट, रहन-सहन और उच्च जीवनशैली को देखकर वे भी उसे पाने

का प्रयास करते हैं, लेकिन जब वे इसमें कामयाब नहीं हो पाते, तो उन्हें निराशा घेर लेती है। इसलिए हमेशा अपने हाल में मस्त रहने का प्रयास करना चाहिए और अपने पास जो है, उसी में सन्तोष करने की आदत डालनी चाहिए।

सेंडर्स कहते हैं कि कई अध्ययनों और शोधों से यह बात सामने आई है कि भौतिकवाद और जीवन सन्तुष्टि के बीच नकारात्मक सम्बन्ध पाया जाता है, इसलिए इनसान को अपनी इच्छाओं को सीमित रखना चाहिए, क्योंकि सुख-सुविधाएँ हासिल कर लेने पर भी मनुष्य की इच्छाओं का अन्त नहीं होता, बल्कि वे और बढ़ती जाती हैं और यही आगे चलकर असन्तोष का कारण बनती हैं।

सुख के माप के सम्बन्ध में आपको एक बात और बताना चाहूँगा। कुछ समय पूर्व एक अध्ययन दल ने विभिन्न देशों का भ्रमण कर यह जानने का प्रयास किया कि विश्व में कौन से देश के निवासी सबसे अधिक सुखी हैं और सुख में विभिन्न देशों के निवासियों का क्या क्रम है।

आपको यह जानकर आश्चर्य होगा कि उनके अध्ययन के निष्कर्ष के अनुसार विश्व में बांग्लादेश के निवासी सबसे अधिक सुखी हैं और सुख में यू.एस.ए जैसे धनाढ्य देश का क्रम 46वाँ है। इस सम्बन्ध में मुझे इस बारे में जानकारी नहीं है कि सुख को मापने या देखने के लिए उन्होंने क्या पैरामीटर तैयार किया था या अध्ययन के लिए उनकी क्या प्रश्नावली थी।

लेकिन इन अध्ययनों ने हमें यह बात सोचने पर अवश्य मजबूर किया है कि भौतिक प्रगति और सुख में विरोधाभास है। जैसे-जैसे हम भौतिक रूप से साधन-सम्पन्न होते जा रहे हैं, वैसे-वैसे सुख हमसे दूर होता जा रहा है।

ईश्वर ने दी ज़िन्दगी
हँसने, खाने, गाने को,
मनुज ने फिर भी इसे लगाया
बस लालसाओं के विस्तार में,
यंत्र बना बैठा वह तन-मन,
बस लगा
अर्थ के पाने को,
भूल गया कि अनुपम,
अनगिनत खुशियाँ
बिखरी हैं संसार में।

दुख में भी सुख है

हार को जीत में बदलने की कला सीखो
रुदन को गीत में बदलने की कला सीखो,
अगर ज़िन्दगी की असलियत को पाना है तो
दुख को सुख में बदलने की कला सीखो।

दुख मनुष्य में शक्ति उत्पन्न करता है। इसके अतिरिक्त अच्छाई और बुराई, अपने और पराए की पहचान भी दुख के समय बड़ी आसानी से हो जाती है क्योंकि सुख के समय तो अपनापन जतानेवाले अनेक लोग मिल जाते हैं लेकिन दुख के समय वे ही आत्मीयता वाले लोग कहाँ गायब हो जाते हैं, यह पता ही नहीं चलता। तभी तो यह कहा गया है :

बिपति बराबर सुख नहीं, जो थोड़े दिन होय।
इष्ट मित्र अरु बन्धुजन, जान परे सब कोय।।

मनुष्य को स्वयं अपनी शक्ति का ज्ञान, स्वयं अपनी पहचान भी दुख के समय ही होती है। जब तक दुख नहीं आता तब तक तो मनुष्य सपनों में खोया रहता है। वह सोचता है कि मैं ऐसा कर सकता हूँ, वैसा कर सकता हूँ। लेकिन सचमुच मनुष्य में कितनी शक्ति है, वह क्या कर सकता है और क्या नहीं कर सकता, यह तो संकट के समय ही प्रकट होता है। सोने में कितनी मिलावट है और कितना खरा स्वर्ण है यह तो अग्नि में तपाए जाने के बाद ही मालूम होता है। इसी प्रकार मनुष्य की सच्ची परीक्षा दुख में ही होती है। जिन लोगों ने कभी जीवन की कठोरता के दर्शन नहीं किए, वे अनेक दृष्टियों से कच्चे रह जाते हैं। इसलिए भगवान ने जहाँ सुखों की सृष्टि की है वहाँ दुखों और कठिनाइयों की भी रचना की है। इनका अनुभव लिये बिना मनुष्य अपूर्ण रह जाता है और उसका उचित विकास नहीं हो पाता। कहा भी गया है :

गर्दिशे अय्याम तेरा हो भला,
हमने हर पहलू से दुनिया देख ली।

दुख का कोई एक स्वरूप नहीं है। बहुरुपिए की तरह वह रूप बदल-बदल कर आता है। कभी वह बीमारी के रूप में आता है तो कभी आत्मीयजनों के वियोग के रूप में आता है। कभी वह शारीरिक कष्ट के रूप में आता है तो कभी मानसिक क्लेश के रूप में आता है। कभी वह शत्रु पक्ष से आता है तो कभी आत्मीयजनों की ओर से भी। लेकिन दुख किसी भी रूप में आए, कहीं से भी आए, आता है वह मनुष्य को अनुभव प्रदान करने के लिए ही।

जीवन है तो दुख भी उसका एक अनिवार्य अंग है। दुख का मिट जाना ही जीवन का मिट जाना है। जैसे किसी को लकवा हो जाए तो शरीर का वह अंग चेतना-शून्य हो जाता है, उसमें फिर कोई सुई भी चुभो दे तब भी दर्द नहीं होता। इलाज कराने पर जब वह भाग स्वस्थ हो जाता है तब उसमें सुई चुभाने से दर्द होने लगता है। जब उस भाग में दर्द नहीं होता था तब वह व्यक्ति दुख का अनुभव करता था किन्तु अब दर्द होना प्रारम्भ हुआ तो वह सुख की अनुभूति करने लगता है। इससे क्या यह सिद्ध नहीं होता है कि दुख में भी सुख होता है? **याद रखिए, दुख के बिना सुख का कोई मूल्य नहीं है।**

एक बार एक पुष्प ने अपने सिर पर लगे हुए काँटे से कहा—मित्र, तुम्हारा यह कुरूप और नुकीला शरीर मुझे अच्छा नहीं लगता। देखो, मेरा शरीर कितना सुन्दर और लुभावना है। इसमें से मनमोहक सुगन्ध निकलती है। अपने इस गुण के कारण मैं देवी-देवताओं के गले में भी डाला जाता हूँ।

यह सुनकर काँटे ने उत्तर दिया—मित्र, तुम यह नहीं जानते कि जिसके जीवन में फूल-ही-फूल हैं, सुख-ही-सुख है, वह जीवन निष्क्रिय हो जाता है और उसकी प्रगति भी अवरुद्ध हो जाती है। जीवन की प्रगति तो काँटे में ही होती है, वह दुख और कठिनाइयों में ही चमकता है। जिस फूल में काँटे नहीं होते, वह फूल तुम्हारी तरह महक नहीं सकता। इस सत्य को तुम क्यों भुलाने की कोशिश कर रहे हो?

दुख मानव के मन और विचारों को सार्वजनिक बनाता है, वे किस प्रकार उन्हें भोगते हैं, यह बात भी तभी मनुष्य जान पाता है जबकि वह स्वयं दुख में से गुजरे। कहा गया है :

जाके पाँव न फटी बिवाई,
वो क्या जाने पीर पराई।

जब हमारे स्वयं के पैर में बिवाई फटे तब ही हमें मालूम होता है कि इसकी पीड़ा कैसी होती है। उसी प्रकार संसार में अनेक दुख हैं जिन्हें अनेक प्राणी भोग रहे है। यदि हम उनके साथ सहानुभूति प्रकट करना चाहते हैं तो हमें भी दुख की पीड़ा से परिचित होना ही पड़ेगा। फिर ऐसा सुख भी किस

काम का है जो आते ही ईश्वर को भुला दे, इससे तो वह दुख अच्छा है जो क्षण-क्षण ईश्वर का स्मरण कराता रहता है। कबीरदास जी ने कहा है :

दुख में सुमिरन सब करे, सुख में करे न कोय।
जो सुख में सुमिरन करे, तो दुख काहे को होय।

संसार में सुख भी हैं, दुख भी। पतझर और बसन्त तथा ज्वार और भाटे की तरह जीवन में इनका आगमन होता रहता है किन्तु समझदार व्यक्ति न तो सुख में फूलता है और न ही दुख में घबराता है। कष्टों की कँटीली राहों पर भी वह दृढ़ता एवं धैर्य के साथ आगे बढ़ता जाता है। किसी ने ठीक ही कहा है :

ज़िन्दगी का हर पल जियो इस तरह,
जैसे हर पल में समाई हो ज़िन्दगी।
ग़म का भी स्वागत करो कुछ इस तरह,
जैसे ग़म से भी निकल आए रूठी ज़िन्दगी।

होनी को सरल भाव से स्वीकारें

जीवन की सारी मुसीबतें, मन के सारे क्लेश, समाज के सारे संघर्ष और व्यक्ति की सारी पीड़ाओं और दुखों का स्रोत है—परिस्थितियों को स्वीकार न करना। याद रखिए, जो बातें आप बदल सकते हैं या सुधार सकते हैं, उनके लिए प्रयास कीजिए। मगर जो आपके हाथ में नहीं है, उसे स्वीकार कर लेना ही ठीक है। न्यूयॉर्क के थियोसोफिस्ट प्रो. डॉ. रेनोल्ड ने अपनी कविता की दो पंक्तियों में भी यही बात कही है :

हे प्रभु! मुझे बुद्धि दे कि जिन बातों को
बदल न सकूँ, उन्हें स्वीकार कर लूँ।

'रीडर्स डाइजेस्ट' नामक पत्रिका के एक लेख में एलेसी मेक कोरपीट ने लिखा है : "जब हम होनी से लड़ना बन्द कर देते हैं तो हममें एक विचित्र शक्ति का स्रोत खुल जाता है जो हमारे जीवन को सुखमय बनाने में हमारी सहायता करता है।"

"होनी को सरल भाव से स्वीकार कर लो।" यद्यपि ये शब्द ईसा से तीन सौ निन्यानबे वर्ष पूर्व कहे गए थे, तथापि इस चिन्तित और दुखी संसार के लिए आज ये पहले से अधिक आवश्यक हैं।

मैं यह नहीं कहता कि विपत्तियों के समक्ष आप अपने घुटने टेक दें, बिल्कुल नहीं, यह कोरी भाग्यवादी प्रवृत्ति होगी। मैं कहूँगा कि जहाँ तक हो सके, उस परिस्थिति विशेष में हम परिवर्तन ला सकें, उसे अनुकूल बना सकें, बना लेना चाहिए। हमें संघर्ष करना चाहिए। किन्तु यदि सामान्य बुद्धि से प्रकट हो कि अमुक परिस्थिति के विरुद्ध हम व्यर्थ ही संघर्ष कर रहे हैं, हम उस परिस्थिति को बदल नहीं सकते तो विवेक इसी में है कि बिना आगा-पीछा सोचे जो नहीं है, उसकी कामना करना छोड़ दें।

कोलम्बिया विश्वविद्यालय के डीन स्व. हाक्स का कथन भी ऐसा ही है:

हर व्याधि के लिए जगत में है उपचार, उसे तुम ढूँढ़ो,
यदि नहीं कोई मिल पाए तो उसकी चिन्ता छोड़ो।

रोना भी उपयोगी है—रोकिए मत इसे

रुदन में कितना उल्लास, कितनी शान्ति, कितना बल है। जो कभी एकान्त में बैठकर किसी की स्मृति, किसी के वियोग में सिसक-सिसक और बिलख-बिलख नहीं रोया, वह जीवन के ऐसे सुख से वंचित है जिस पर सैकड़ों हँसियाँ न्योछावर हैं। उस मीठी वेदना का आनन्द उन्हीं से पूछो जिन्होंने यह सौभाग्य प्राप्त किया है। रुदन के पश्चात् एक नवीन स्फूर्ति, एक नवीन जीवन, एक नवीन उत्साह का अनुभव होता है।

—मुंशी प्रेमचन्द

जन्म लेते ही बच्चा रोना शुरू कर देता है। यह उसकी स्वाभाविक क्रिया है। यदि उस समय वह नहीं रोता, तो उसे रुलाने की कोशिश की जाती है ताकि उसकी मांसपेशियों का संचालन ठीक प्रकार से हो सके। इससे फेफड़ों की आवश्यक कसरत हो जाती है। अब मनोचिकित्सकों ने अनेक वर्षों के अध्ययन एवं अनुसन्धानों से यह सिद्ध कर दिया है कि हँसने की तरह रोना भी एक स्वास्थ्यवर्द्धक टॉनिक है।

रोना एक निश्छल भाव है। कई अध्ययनों से यह बात सामने आई है कि जो लोग सहज भाव से रोते हैं, वे अधिक स्वस्थ रहते हैं और उनका जीवन के प्रति नजरिया भी सकारात्मक रहता है।

आज की जटिल एवं तनावग्रस्त जीवन पद्धति में आँसुओं की महत्ता एवं उपयोगिता के सम्बन्ध में अमेरिका के डॉ. जेम्स बांड ने अपने कई वर्षों के अनुसन्धान के आधार पर यह निष्कर्ष निकाला है कि यदि पुरुष कभी-कभी रो लिया करे तो उसके स्वास्थ्य में काफी सुधार हो सकता है क्योंकि मनुष्य ही एक ऐसा संवेदनशील प्राणी है जो मानसिक आघातों से त्रस्त होकर आँसू बहा सकने में समर्थ है।

अमेरिका के एक प्रसिद्ध मनोचिकित्सक डॉ. विलियम ब्रियान के अनुसार,

आँसू—ईश्वर का उपहार

स्त्री हो या पुरुष अच्छी तरह रोने से दिल के दर्द से मुक्ति मिल जाती है। जब दुख आता है तो रोना स्वाभाविक है। ईश्वर ने शरीर में यह राहत का तंत्र दिया है, इसका प्रयोग किया जाना चाहिए। कुछ लोगों का मानना है कि इनसान को अपना दुख प्रकट नहीं करना चाहिए। आँसू और सुबकियों से अपने आपको अभिव्यक्त करना उचित नहीं है। जबकि दुख को रोकना, इसे दबाना और बोतल में बन्द रखने का मतलब है—हम ईश्वर के दिए हुए उपहार का प्रयोग नहीं कर रहे हैं। लेकिन इतना जरूर है कि इसका जरूरत से ज्यादा प्रयोग नहीं करना चाहिए तथा इसकी आदत नहीं डालनी चाहिए।

अमेरिका के पुरुषों से वहाँ की स्त्रियों की लम्बी आयु का रहस्य रोना ही है, क्योंकि स्त्रियाँ अपनी पीड़ा व मनोव्यथा को अक्सर आँसुओं के सहारे बाहर निकालती रहती हैं। डॉ. ब्रियान के कथनानुसार, अमेरिकी स्त्रियाँ ऐसी फिल्में देखने की बड़ी शौकीन होती हैं जिनमें रोना आता हो जबकि पुरुष ऐसी फिल्में कम देखते हैं। शायद रो-रोकर वे अपनी आयु बढ़ा लेती हैं।

अमेरिका के 'टीयर रिसर्च सेंटर' में क्राइंग (रोना) थैरेपी पर अध्ययन कर रहे डॉ. विलियम फ्रेका कथन है, "चिकित्सा की दृष्टि से कहा जाए तो आँसू हमारे शरीर में एक प्रकार के उत्सर्जक हैं। जिस प्रकार पसीना हमारे शरीर से अत्यधिक नमक बाहर निकालता है उसी प्रकार आँसू 'टॉक्सिन' (Toxin) बाहर निकालते हैं। आँसू आँखों को संक्रमण से बचाते हैं। साथ ही उनमें नमी बनाए रखते हैं। यह नमी आँखों को धूल-मिट्टी और कीटाणुओं से सुरक्षित रखती है, तनाव को कम करती है और मानसिक रूप से मजबूत बनाती है।

'क्योर बाइ क्राइंग' पुस्तक के लेखक थॉमस ए. स्टोन का कहना है कि रोना कई प्रकार की बीमारियों से बचाता है। यह कई प्रकार की तंत्रिका रोगों की दवा है, साथ ही भावनात्मक रूप से हमें शक्ति प्रदान करता है।

भारत में हृदय रोग एवं रक्तचाप से पीड़ित लोगों की संख्या में निरन्तर वृद्धि हो रही है। लेकिन यह वृद्धि पुरुषों की अपेक्षा महिलाओं में बहुत कम है। इसीलिए पुरुषों की तुलना में स्त्रियों में दिल के दौरे के केस कम ही सुनने में आते हैं—क्योंकि स्त्रियाँ रोने के द्वारा अपना दिल हल्का कर लेती हैं। एक प्रचलित लोकोक्ति—'रो लेने दो मन हल्का हो जाएगा।' आज पूरी तरह एक वैज्ञानिक सच्चाई बन गई है।

भावनात्मक आँसू व्यक्ति को उदासी, अवसाद व गुस्से से मुक्त होने के योग्य बनाते हैं। यही आँसू तनावग्रस्त व्यक्ति को हद से बाहर जाने से भी रोकते हैं। रोने से मन का सारा मैल धुल जाता है। विश्व की प्राचीनतम और पूर्ण वैज्ञानिक चिकित्सा पद्धति आयुर्वेद ने आँसू रोकने से होनेवाले रोगों का उल्लेख करते हुए लिखा है कि आँसुओं को रोकने से जुकाम, आँखों व सिर में दर्द, हृदय पीड़ा, अरुचि, चक्कर आना आदि रोग हो जाते हैं।

यदि हमें ठीक से आँसू बहाना आ जाए तो हम अपनी कुछ दवाओं से मुक्ति पा सकते हैं। एक चिकित्सक का कथन है, ''रोने से फेफड़े खुल जाते हैं, मुँह धुल जाता है, आँखों की कसरत हो जाती है और मिजाज ठीक हो जाता है। यदि रोना आए तो रोको मत।''

सुप्रसिद्ध शायर फिराक गोरखपुरी ने रोने के बारे में क्या खूब कहा है :

एक उम्र पड़ी है सब्र भी कर लेंगे,
इस वक़्त तो जी खोलकर रो लेने दे।

धर्म का मर्म जानें और सुखी रहें

वर्तमान में धरती पर धर्म के नाम पर मार-काट मची हुई है। धर्म के नाम पर वैमनस्य फैल रहा है। धर्म को राजनीति का मोहरा बनाया गया है, जिसके भुलावे में आकर जनता को धोखा दिया जा रहा है। किसी ने ठीक ही कहा है :

धर्म के नाम पर राजनीति कितनी खरी है,
जितनी चाहो रोटियाँ सेंको,
यह भट्ठी हमेशा-हमेशा आग से भरी है।

जबकि धर्म के आधारभूत सिद्धान्तों को नज़रअन्दाज कर उसके आवरण को, उसके उपासना के मार्ग को ही महत्त्वपूर्ण बना दिया गया है। आज हर कोई अपनी जाति, सम्प्रदाय, पन्थ बताकर कहता है कि मैं ये हूँ, मैं वो हूँ। किन्तु कोई यह नहीं कहता कि मैं इनसान हूँ और इनसानियत मेरा धर्म है।

क्या हिन्दू, मुस्लिम, सिख, ईसाई, जैन होना यही धर्म है? क्या ऊच-नीच, वर्णभेद का मानना धर्म है? नहीं, धर्म तो एक आदर्श जीवन शैली है, सुख से रहने की पावन पद्धति है, शान्ति प्राप्त करने की विमल विधा है, सर्वजन कल्याणी आचार संहिता है, जो सबके लिए है।

धर्म के सम्बन्ध में श्री सत्यनारायण गोयनका के विचार हैं, "धर्म को जाति, वर्ण, वर्ग, समुदाय, देश, राष्ट्र की सीमाओं में भी नहीं बाँधा जा सकता। मानव समाज के किसी भी वर्ग में धर्मवान व्यक्ति हो सकता है। धर्म पर किसी वर्ग विशेष का एकाधिकार नहीं हुआ करता। धर्म हमें नेक आदमी बनना सिखाता है। नेक आदमी, नेक आदमी है। वह अपने सम्प्रदाय की ही नहीं प्रत्युत सारे मानव समाज की शोभा है। जो नेक आदमी ही नहीं है, वह नेक हिन्दू या मुसलमान, नेक बौद्ध या जैन, नेक भारतीय या बर्मी, नेक ब्राह्मण या क्षत्रिय कैसे हो सकता है? और जो नेक आदमी हो गया, वह सही माने में धर्मवान हो गया। उसे कोई किसी नाम से पुकारे, क्या फर्क पड़ता है!

गुलाब गुलाब ही रहेगा, नाम बदल लेने से उसकी महक में कोई अन्तर नहीं आएगा। जिस बगिया में खिलेगा, न केवल उसे बल्कि आस-पास के सारे वायुमंडल को अपनी सौरभ से सुरभित करेगा। अतः मुख्य बात है धर्मवान बनने की, नेक इनसान बनने की। नाम चाहे जो रहे। बगिया चाहे जिस समुदाय की हो, उस पर चाहे जिसका बोर्ड लगा हो; फूल खिलने चाहिए, सौरभ बिखरना चाहिए।''

साम्प्रदायिकता और जातीयता का रंगीन चश्मा उतारकर देखें तो ही धर्म का शुद्ध रूप समझ में आता है। अन्यथा अपने सम्प्रदाय का रंग-रोगन, नाम-लेबल ही सारी प्रमुखता ले लेता है, धर्म का सार महत्त्वहीन हो जाता है। धर्म की कसौटी पर किसी व्यक्ति को कसकर देखना हो तो यह नहीं देखेंगे कि वह किस सम्प्रदाय में दीक्षित है? अथवा किस दार्शनिक मान्यता को मानता है? अथवा किन रूढ़ियों को पालता है? वरन् यह देखेंगे कि उसका आचरण कैसा है? जीवन-व्यवहार कैसा है? कुशल है या नहीं? पावन है या नहीं? आत्म-मंगलकारी और लोक-मंगलकारी है या नहीं? यदि है तो धर्मवान ही है। जितना-जितना है, उतना-उतना धर्मवान है। यदि नहीं है तो उस व्यक्ति का धर्म से कोई सम्बन्ध नहीं है।

धर्म के अर्थ के बारे में एक विद्वान ने लिखा है, ''स्वभाव, प्रकृति अथवा वह जिससे हमारा गुण, हमारी अस्मिता मुखरित हो, जिस गुण के त्याग से हमारी पहचान समाप्त हो जाए, वही हमारा धर्म है। इस धार्मिकता के अभाव में मनुष्य पशुतुल्य कहा गया है—**धर्मेण हीनाः पशुभिः समानः।** मानव धर्म उन लक्षणों का निर्वाह है जिनके द्वारा मानव अपने को मानव कह सके और मानव होने का दावा पूरा कर सके। यही कारण है कि आज से ढाई हजार पूर्व भगवान बुद्ध ने धर्म की शरण में जाने का उपदेश दिया था—**धम्मं शरणं गच्छामि।**

शब्दकोश के अनुसार, धर्म का तात्पर्य जन्मजात स्वाभाविक गुण से होता है जैसे अग्नि का धर्म दहकना है, जल का धर्म शीतलता आदि। यदि अग्नि दहकना त्याग दे तो क्या वह अग्नि रह जाएगी! जल यदि शीतलता का त्याग कर दे तो क्या वह जल रह जाएगा! इसी प्रकार मनुष्यों का भी कोई जन्मजात गुण होना चाहिए और वह धर्म है—मानवता या इनसानियत। इसीलिए कहा जाता है :

सारे धर्मों का यह खुलासा पैगाम है।
धर्म मजहब असल में इनसानियत का नाम है।

सबसे बड़ा धर्म—मानव-सेवा

सेवा जीवन का परम रस है, सेवा में ही परमात्मा का निवास है। जो व्यक्ति अपने आस-पास के दीन, दुखी, गरीब, लाचार, अपाहिज लोगों की सेवा करता है, वह परमात्मा के निकट होता है। महाकवि तुलसीदास के अनुसार, 'परहित सरिस धरम नहिं भाई' अर्थात् दूसरे के कल्याण से बड़ा कोई धर्म नहीं है। ईसा मसीह ने बतलाया है, ''मानव पुत्र (मसीहा) अपनी सेवा कराने नहीं आया बल्कि दूसरों की सेवा तथा उनका उद्धार करने के लिए अपने प्राण देने आया है।'' अल्लाह ने नेकी और वफादारी को ज़िन्दगी में बनाए रखने का हुक्म दिया है। उसके बारे में कहा है, ''नेक और वफादार वह है जो धन का मोह होने पर भी अनाथों, मोहताजों, मुसाफिरों और माँगनेवालों को दे और उनके दुख दूर करने में खर्च करे।'' विश्व के प्रत्येक धर्म में सेवा सबसे बड़ा मानव धर्म माना गया है।

आप अपने स्वरूप का स्मरण करें, आप देखेंगे कि आपके पास देने को बहुत कुछ हैं। तन, मन, धन तीनों के माध्यम से आप सेवा कर सकते हैं। समाज-सेवा करनेवालों के स्मारक उनकी यश-कीर्ति के रूप में स्थायी बने रहते हैं। किसी ने ठीक ही कहा है :

यश उसी का बढ़ता है, जो औरों के लिए जीता है,
मिलता है जहाँ का सम्मान उसे, जो सेवा की राह पर चलता है।

जो सेवा करना चाहता है, उसे बड़े-बड़े साधनों अथवा विशेष परिस्थिति की आवश्यकता नहीं होती। वह किसी भी परिस्थिति में हो, उसके पास कितने ही सीमित साधन क्यों न हों, अन्य लोगों की सेवा कर सकता है।

सेवा करने के लिए केवल एक ही मुख्य वस्तु की आवश्यकता होती है, वह है—दृढ़ इच्छाशक्ति। यदि आपकी इच्छाशक्ति दृढ़ है तो शेष आवश्यक साधन तो अपने आप जुट जाएँगे।

सेवाभावी लोग केवल अपनी भलाई की बात न सोचकर पूरे समाज समाज की भलाई की बात सोचते हैं और तदनुसार कार्य करते हैं। सेवा का पथ कुछ लोग कठिन साधना का पथ मानते हैं किन्तु यदि आपमें अहंभाव के विसर्जन करने के साथ समर्पण की भावना है तो सेवा से बढ़कर कोई मानवीय प्रेम की अनुभूति नहीं है, इसीलिए कहा गया है :

यों तो काँटो का हार है सेवा
तेज चाकू की धार है सेवा,

धर्म और अधर्म

एक बार कुछ लोग स्वामी विवेकानन्द के दर्शन के लिए आए। आगन्तुकों में एक सज्जन को पंजाब से आया जानकर स्वामीजी उनसे वहाँ की जरूरतों के बारे में चर्चा करने लगे। स्वामीजी जनसाधारण के दुख, अशिक्षा और सामाजिक जीवन की दुर्दशा को दूर करने सम्बन्धी उपाय पर कहने लगे कि इस दिशा में प्रयास करना प्रत्येक शिक्षित व्यक्ति का कर्तव्य है। विदा लेते समय पंजाबी सज्जन ने कहा—स्वामीजी, हम आपसे धर्मोपदेश सुनने की चाह लिये आए थे, किन्तु दुर्भाग्य से साधारण विषयों पर बात होती रही और हमारी साध पूरी नहीं हुई। स्वामी विवेकानन्द ने गम्भीर होकर कहा—जब तक मेरी जन्मभूमि का एक कुत्ता भी भूखा रहेगा, तब तक उसे आहार देना ही मेरा धर्म है, इसके अलावा जो कुछ है, वह अधर्म है।

भावना हो अगर समर्पण की तो
प्रेम का एक प्रकार है सेवा।

सेवा के लिए सारा विश्व एक कर्मक्षेत्र की भाँति खुला पड़ा है। सेवा करने की दृढ़ इच्छा रखनेवाला व्यक्ति कहीं भी रहकर मानव-सेवा कर सकता है। सेवा में कोई भेदभाव नहीं है। अमीर-गरीब सभी व्यक्तियों को अपनी-अपनी स्थिति के अनुसार सेवा और सहायता की आवश्यकता हो सकती है। भगवान श्रीकृष्ण से अर्जुन ने पूछा कि आपकी सेवा का स्वरूप क्या है? श्रीकृष्ण ने उत्तर दिया, ''गरीबों की, दीन-दुखियों की, अपाहिजों की, लाचारों की सेवा ही मेरी सच्ची सेवा है। उनके करुण क्रन्दन युक्त वचन सुनना ही मेरी वाणी सुनना है। उनके योग्य सभी साधन उन्हें अर्पण करना ही मुझे अर्पण करना है।''

एक व्यापारी महोदय हैं। उनका नियम है कि रोज घर से निकलकर वे पहले देवी माँ के दर्शन करते हैं और उसके बाद ही दुनियादारी का कोई काम शुरू करते हैं। देवी माँ का आशीष लेकर दुकान पहुँचते हैं और फिर वहाँ जो काला-धोला करना होता है, करते हैं। एक दिन सुबह घर से निकले तो सामने से आती एक क्षीणकाय रुग्ण वृद्धा ने उन्हें रोककर कहा, ''बेटा, मुझे जरा अस्पताल तक छोड़ दे। चक्कर आ रहे हैं। पैदल चला नहीं जा रहा।'' अस्पताल केवल एक-डेढ़ फर्लांग दूर था, विरुद्ध दिशा में। व्यापारीजी ने कहा, ''अम्मा,

मैं थोड़ा जल्दी में हूँ। मन्दिर जाना है और वहाँ से दुकान।'' और वे बुढ़िया को छोड़ अपने चमचमाते हुए स्कूटर पर आगे बढ़ गए।

ऐसे अविवेकी और विचारशून्य लोगों की कमी नहीं है जो न ईश्वर को समझते हैं, न उसकी आराधना के सच्चे स्वरूप को। उस दिन वे महाशय मन्दिर न जाकर बीमार महिला को अस्पताल पहुँचा देते तो मन्दिर जाकर कथित पुण्य कमाने से शायद अधिक बड़ा काम वह होता। आखिर मानव-सेवा से बड़ा धर्म कौन सा है! यदि हम अपने साथी से सद्व्यवहार नहीं कर सकते तो ऐसा कौन सा भगवान है जो हमें गले लगा लेगा। घंटों भगवान के आगे घंटी बजानेवाले व्यवसाय में बेईमानी करते हैं, नौकरों के साथ क्रूर व्यवहार कर उनका भरपूर शोषण करते हैं और इस तरह कमाए गए धन से तीर्थयात्रा करते हैं, गंगा स्नान को जाते हैं तो क्या इससे उन्हें पुण्य मिल सकेगा! किसी ने ठीक ही कहा है :

ईश्वर मिले न गंगा नहाए, ईश्वर मिले न तीरथ जाए
ईश्वर मिले न राख लगाए, ईश्वर मिले न धूनी रमाए
भक्ति तीर्थ हो, त्याग का जल हो, सदाचार का हो स्नान
उसी को मिलते हैं भगवान।

स्वस्थ एवं सुखी जीवन के लिए—हँसाइए-हँसिए

नौ रसों में हास्य रस का विशेष महत्त्व है। अकबर-बीरबल का विनोद जग विख्यात है। बीरबल अकबर के नवरत्नों में से एक था। यदि विनोद प्रवृत्ति का बीरबल नहीं होता तो मुगले आजम को प्रेरणा नहीं मिलती। हास्य के प्रणेता चार्ली चैपलिन के बिना तत्कालीन सिनेमा सूना होता था। हास्य कवि काका हाथरसी के बिना कवि सम्मेलन सूना हुआ करता था। लालूजी के हास्य बिना संसद सूनी होती है।

हास्य जीवन में आनन्द और उल्लास बिखेरता है, रसधारा छोड़ता है और तनाव दूर करता है। हास्य वह टॉनिक है जो थके-माँदे मनुष्य को नई ताजगी प्रदान करता है। हास्य कटुता, मनोमालिन्य एवं सन्देह के कोहरे को काटता है और आपसी कलुष एवं अविश्वास को समाप्त करता है।

भगवान कृष्ण ने भी गीता में कहा है, ''चित्त प्रसन्न रहने से सब दुख दूर हो जाते हैं। जिसे प्रसन्नता प्राप्त हो जाती है, उसकी बुद्धि तुरन्त स्थिर हो जाती है।'' गीता की इन पंक्तियों में प्रसन्नता के महत्त्व को सूत्र रूप में व्यक्त कर दिया गया है। यदि आप सत्य की कसौटी पर गीता के इस कथन को कसना चाहते हैं तो दिल खोलकर हँसिए, ठहाका लगाकर हँसिए। आप देखेंगे कि आप आनन्द-सागर में गोते लगा रहे हैं, दुख-दैन्य समाप्त हो गया है, जो बुद्धि अस्थिर थी, वह स्थिर और तरोताजा हो गई है। उसमें निर्णय लेने की शक्ति आ गई है, आप कर्मक्षेत्र के लिए तैयार हो गए हैं।

हास्य, परिहास या विनोद हमारे व्यक्तित्व को और निखारता है। अमेरिका के पूर्व राष्ट्रपति लिंकन के व्यक्तित्व में यह गुण भी सम्मिलित था, स्वयं पर हँसना और अपनी कमजोरियों को मानना उनकी महानता का एक हिस्सा था।

हास्य हमारा आन्तरिक मेकैनिक है, जो हमें मुफ्त सेवा देता है। वह हमारी मानसिक मशीनरी को अच्छी स्थिति में रखने के लिए उसके निरीक्षण, समायोजन तथा तेल आदि की व्यवस्था करता है। हँसने-हँसाने की आदत आदमी को हर-दिल अजीज और आकर्षक बना देती है।

जो जी से हँसता है, वह कभी बुरा नहीं होता। जी से हँसो, तुम्हें अच्छा लगेगा। अपने मित्र को हँसाओ, तुमसे कम घृणा करेगा। एक अनजान को हँसाओ, तुम पर भरोसा करेगा। उदास को हँसाओ, उसका दुख घटेगा। एक निराश को हँसाओ, उसकी आशा बढ़ेगी। एक बूढ़े को हँसाओ, वह अपने को जवान समझने लगेगा।

एक अंग्रेज डॉक्टर का कहना है कि किसी नगर में दवाई से लदे हुए बीस गधे ले जाने से एक हँसोड़ आदमी का ले जाना अधिक लाभ-कारी है।

यह एक ऐसे व्यक्ति की कहानी है जो हमेशा दूसरे लोगों को चुटकुले आदि सुनाकर हँसाता रहता था। लोग उसके चुटकुले सुनने के लिए ग्रुप में एकत्र होते और हँसते हुए घर लौटते थे। वह स्वयं का और दूसरों का भी मजाक उड़ाता था और भीड़ में मौजूद सभी व्यक्तियों के चेहरे पर मुस्कुराहट छा जाती थी।

कुछ वर्षों बाद जब वह मरणासन्न अवस्था में हुआ तो लोग उसके पास यह पूछने आए कि वह हमेशा खुश कैसे रहता है, यहाँ तक की मृत्यु-शय्या पर भी उसने अपनी हँसी कैसे बरकरार रखी? उसने उत्तर दिया और अपने दाह संस्कार की अन्तिम इच्छा बताई कि उसका अन्तिम संस्कार इन्हीं कपड़ों में (जो वह पहने हुए है) हो। उसकी इच्छा पूरी की गई। उसकी इस इच्छापूर्ति में प्रत्येक व्यक्ति की हैरानी छिपी हुई थी। लोगों ने देखा कि चिता आग दिखाते ही जल उठी क्योंकि हँसोड़ व्यक्ति ने अपने कपड़ों में पटाखे छिपा रखे थे। अपने अन्तिम संस्कार पर भी वह लोगों का मनोरंजन करता रहा।

हास्य की दैवी शक्ति के कारण ही प्राचीन समय में राज-दरबारों में विदूषक रहते थे और राजा-महाराजा उनको इनाम दिया करते थे। राजा एडवर्ड द्वितीय के बारे में तो यह प्रसिद्ध है कि वह एक बार हँसाने का एक क्राउन पारितोषिक में दिया करते थे।

डॉ. होम्स ने एक स्थान पर कहा है, "प्रसन्नता परमात्मा की दी हुई औषधि है। यह ऐसी औषधि है जिसमें प्रत्येक व्यक्ति को स्नान करना चाहिए। विश्व के अनेक डॉक्टरों ने विभिन्न रोगियों पर हँसी के परीक्षण किए हैं। डॉ. होम्स ने तनाव व रक्तचाप के रोगियों पर परीक्षण करके निष्कर्ष निकाला कि हँसी की क्रिया के पश्चात् शरीर को वैसी ही ताजगी और स्फूर्ति प्राप्त होती है जैसी गहरी नींद सोने से। हँसी से शरीर के समस्त अंगों का तनाव दूर हो जाता है और समस्त शारीरिक तन्तु ढीले पड़ जाते हैं। इससे ताजगी आती है और विश्रान्ति मिलती है।

'एनाटॉमी ऑफ एन इलनैस' में नोरमन कजिंस ने अपने शोध के आधार पर लिखा है कि कोई व्यक्ति यदि किसी ऐसे रोग से पीड़ित है, जिसमें उसे दर्द बहुत ज्यादा होता हो, अगर वह दस मिनट इतना खुलकर हँस लेता है कि उसके पेट में हँसते-हँसते बल पड़ जाएँ तो इससे उसे दो घंटे की दर्दरहित नींद हासिल हो सकती है। स्वयं कजिंस एंकीलूजिंग एपेंडिलाइटिस से पीड़ित थे। अपने सेहतमन्द होने का श्रेय वह हास्य को ही देते हैं।

स्टैनफोर्ड विश्वविद्यालय में क्लिनिकल साइकेट्री के सहायक प्रो. डॉ. विलियम फ्राई पिछले 30 बरस से हास्य के प्रभावों का अध्ययन कर रहे हैं। फ्राई हास्य की तुलना 'अन्दर की जॉगिंग' से करते हैं। उनके अनुसार, दिन में सौ बार हँसने का अर्थ है कि आपने दस मिनट तक पानी में किश्ती चला दी। फ्राई का यह भी कहना है कि हास्य से हृदय की धड़कनों की दर बढ़ जाती है, ब्लड सर्कुलेशन बढ़ जाता है और जिस्म की तमाम मांसपेशियाँ मजबूत हो जाती हैं।

हास्य से जिस्म ही नहीं, मन भी तरोताजा होता है। ओशो ने हास्य को ध्यान कहते हुए कहा कि जो व्यक्ति हँसना नहीं जानता, उसके लिए आध्यात्मिक होना असम्भव है, 'या-हू'! द मिस्टिक रोज में ओशो लिखते हैं, "हँसनेवाले व्यक्ति को दिल का दौरा नहीं पड़ सकता। हँसनेवाला व्यक्ति आत्महत्या नहीं कर सकता।"

बीबर ने एक स्थान पर लिखा है—उन लोगों को निकाल बाहर करो जो जीवन जैसी वस्तु को चीखते-चिल्लाते हुए व्यतीत करते हैं। ध्यान रहे, जो व्यक्ति हँस नहीं सकता, वह प्रसन्न और सुखी भी नहीं रह सकता। प्रसन्न व्यक्ति का न केवल सभी स्वागत करते हैं, अपितु उसके साथ ही रहना चाहते हैं।

हँसने का बहुत कुछ सम्बन्ध व्यक्ति की मन:स्थिति से होता है। खुश रहनेवाला व्यक्ति बात-बात पर मुस्कुरा देता है या ठहाका लगा देता है जबकि उदासीन व्यक्ति खुश होने पर भी हँसी को गम्भीरता के आवरण में विलीन कर देता है।

प्रसन्नता को सर्वोत्तम टॉनिक कहा गया है। अंग्रेजी की तो उक्ति है ही—लाफ्टर इन वेस्ट टॉनिक। आप स्वयं अनुभव कीजिए। जब आप हँस रहे होते हैं, मुस्कुरा रहे होते हैं, उस स्थिति में आपके शरीर और मन की स्थिति कैसी होती है! आपकी सुस्ती, उदासीनता या निष्क्रियता कहाँ चली जाती है! अपना मन हिरण की तरह कुलाँचें मारना चाहता है। प्रसन्नता से आपका हृदय दवा का काम करता है।

2005 में मेरीलैंड विश्वविद्यालय में शोधकर्ताओं द्वारा किए गए अध्ययन के अनुसार, हँसने से वही लाभ मिलते हैं जो एरोबिक क्रियाओं से मिलते हैं। यह रोग प्रतिरोधी तंत्र को मजबूत करती है, एंडोर्फिन को छोड़ती है, जो स्वाभाविक दर्द निवारक है, चेहरे की मांसपेशियों को दुरुस्त करती है, रक्त प्रवाह को बढ़ाती है और तनाव व चिन्ता को घटाती है।

हैंडबुक ऑफ ह्यूमर एंड साइकोथैरेपी' के अनुसार, 'हास्य' उपचार करने का औजार है, जो अपने क्रिएशन के लिए ऊर्जा की माँग करता है। आपस में मिलकर हँसी बाँटना रोगमुक्त होने का बहुत अच्छा तरीका है।

अनेक शोधों के जरिए यह साबित किया जा चुका है कि हास्य का मनोवैज्ञानिक प्रभाव पड़ता है और यह तनाव को खत्म या कम करने में मददगार साबित होता है। लेकिन सेहत की दृष्टि से हास्य का सबसे बड़ा फायदा यह है कि यह शरीर की प्रतिरोधक क्षमता को बढ़ाता है। **लूमा लिंडा विश्वविद्यालय** में किए गए अध्ययनों से मालूम हुआ है कि हास्य सीरम कोर्टिसोल की मात्रा को घटाता है, टी लिम्फोसाइट्स को बढ़ाता है और प्राकृतिक किलर कोशिकाओं की संख्या में बढ़ोतरी करता है।

आज के इस तेज रफ्तार दौड़ में डिप्रेशन के शिकार लोगों की संख्या निरन्तर बढ़ रही है। ऐसे लोगों को हास्य से ही बचाया जा सकता है। हास्य से जिस्म में एंड्रोफिन्स का उत्पादन होता है। यह शरीर के लिए प्राकृतिक दर्द निवारक है और डिप्रेशन के खिलाफ रक्षा प्रदान करता है।

यही कारण है कि अब यह स्वीकार कर लिया गया है कि हमारा शरीर खुलकर हँसने पर सकारात्मक प्रतिक्रिया व्यक्त करता है। दशकों की शोध के बाद साबित हो चुका है कि कसरत की तरह हास्य भी तनाव दूर करता है, दर्द को बर्दाश्त करने की क्षमता बढ़ाता है, ब्लडप्रेशर को सामान्य करता है, हृदय बीट की दर को सही करता है, मांसपेशियों को मजबूत करता है और पेट की गैस को खत्म करता है। दरअसल हास्य भी एक प्रकार की कसरत है। आप हास्य से सेहतमन्द रह सकते हैं, बात इतनी साधारण है।

इच्छाशक्ति का विलक्षण प्रभाव

अंडे से निकले पक्षी के दूर गगन में उड़ जाने का एक ही कारण है, वह है—इच्छाशक्ति। इच्छा व शक्ति दो शब्द हैं जिनसे मनुष्य नर से नारायण बन सकता है। कहा जाता है कि दुनिया का इतिहास केवल इच्छाशक्ति से भरपूर मुट्ठीभर लोगों की कहानी है। इच्छाशक्ति का मतलब ताकत या किसी के पहलवान होने से नहीं जुड़ा। इच्छाशक्ति से तात्पर्य है—अपने निश्चय को पूरा करने के लिए संकल्प या प्रतिबद्धता।

हम जो संकल्प करते हैं, उससे दृढ़ इच्छाशक्ति के सहारे अपने मुकाम तक आसानी से पहुँचा जा सकता है क्योंकि हमारे संकल्प के साथ दृढ़ प्रतिज्ञा जुड़ी होती है। दुष्यन्त कुमार ने इसीलिए कहा है : **''कैसे आकाश में सूराख नहीं हो सकता, एक पत्थर तो तबीयत से उछालो यारो!''** इसी संकल्पशक्ति के रहते मदर टेरेसा ने समाज-सेवा के क्षेत्र में, गुरुदेव रवीन्द्रनाथ टैगोर ने साहित्य के क्षेत्र में, नेपोलियन ने तलवार के बल पर समर-क्षेत्र में, झाँसी की रानी लक्ष्मीबाई ने मैदाने जंग में, विवेकानन्द ने अद्‌भुत वाणी के बल पर अध्यात्म के क्षेत्र में और मीरा ने भक्ति के क्षेत्र में अपने लक्ष्य को पाने में सफलता प्राप्त की और दुनिया में अपना नाम रोशन किया।

प्रबल या दृढ़ इच्छाशक्ति रखनेवाले अपने कार्य के प्रति कृतसंकल्प रहते हैं। उनके संकल्प के सामने देव, दानव और यहाँ तक कि भाग्य भी समर्पण कर देता है। इस सन्दर्भ में उदाहरण प्रस्तुत है :

एक माता-पिता ने एक प्रकांड पंडित को अपने बालक का हाथ दिखाया, पंडितजी ने हाथ देखकर बड़ी निराशा से बताया, ''बालक के भाग्य में विद्या नहीं है।'' यह सुनकर बालक ने पूछा, ''महाराज, कहाँ होती है विद्या की रेखा ? कृपया मुझे बताएँ।'' पंडितजी ने बालक के हाथ में संकेत से रेखा का स्थान बता दिया। उसी क्षण बालक एक तेज धार वाला चाकू लाया और उसकी नोक से एक गहरी रेखा हथेली पर खींच दी, खून की धारा बह चली। पंडितजी बालक के साहस से चकित हो उठे, उन्होंने बालक के साहस की

सराहना करते हुए कहा, "चाकू से तो हाथ पर रेखाएँ नहीं बनतीं, लेकिन दृढ़ निश्चय से यह सम्भव है कि तुम विद्या प्राप्त कर सको।"

चूँकि बालक के मन में विद्या प्राप्त करने की दृढ़ इच्छाशक्ति विद्यमान थी, उसने उसी क्षण दृढ़ संकल्प से शपथ ली और भाग्य में विद्या न होने की घोषणा को मिथ्या सिद्ध कर वह एक दिन महान व्याकरणाचार्य बन गया, आप जानते हैं वह बालक कौन था? उसका नाम था—पाणिनि, जिन्हें विश्व में संस्कृत के महान व्याकरणाचार्य के नाम से जाना जाता है।

याद रहे, दृढ़ इच्छाशक्ति वाला व्यक्ति ही लक्ष्य अथवा कार्य की पूर्ति करने का संकल्प दृढ़ता के साथ ले सकता है। संकल्प वह आत्मबल प्रदान करता है, जिससे सफलता का मार्ग स्वयं प्रशस्त होता जाता है।

कहा जाता है कि एक बार भगवान बुद्ध अपने शिष्य के साथ जंगल में जा रहे थे। रास्ते में पत्थर की एक बड़ी चट्टान देखकर शिष्य ने बुद्ध से पूछा—भगवन्! क्या इस चट्टान पर किसी का शासन सम्भव है? भगवान बुद्ध ने शिष्य की जिज्ञासा को शान्त करते हुए कहा कि पत्थर से कई गुना शक्ति लोहे में होती है। इसलिए लोहा पत्थर को तोड़कर टुकड़े-टुकड़े कर देता है। तो फिर लोहे से भी कोई वस्तु श्रेष्ठ होगी? शिष्य ने प्रश्न किया। क्यों नहीं? अग्नि है। जो लोहे के अहं को गलाकर द्रव्य रूप में बदल देती है। शिष्य ने पूछा—अग्नि की विकराल लपटों के सम्मुख किसी की क्या चल सकती होगी? केवल जल है, जो उसकी उष्णता को शीतल कर देता है। बुद्ध ने कहा। पुन: शिष्य ने पूछा—जल से टकराने की ताकत किसमें होगी? भगवान बुद्ध शिष्य से बोले—ऐसे क्यों सोचते हो वत्स! इस संसार में एक से एक शक्तिशाली हैं। वायु का प्रवाह जलधारा की दिशा बदल देता है। संसार का प्रत्येक प्राणी वायु के महत्त्व को जानता है। शिष्य बोला—जब वायु ही जीवन है, फिर इससे अधिक महत्त्वपूर्ण वस्तु क्या होगी? भगवान ने हँसते हुए शिष्य को जवाब दिया—मनुष्य की दृढ़ इच्छाशक्ति जिसके द्वारा वायु भी वश में हो जाती है। मानव की यह शक्ति ही सबसे बड़ी है।

कुछ वर्षों पहले बंगाल में एक 'साहंग स्वामी' नामक युवक हुआ, बाद में 'टाइगर योगी' के नाम से प्रसिद्ध हो गया। वह बचपन में इतना कमजोर और डरपोक था कि किसी जानवर को देखकर पसीना छूट जाता था, लेकिन उसके भीतर एक ललक उठती कि मैं इतना शक्तिशाली हो जाऊँ कि बाघ और शेरों को चूहे-बिल्ली की तरह पकड़ सकूँ। वह इस विश्वास के साथ जंगल में घूमता और मन में दृढ़ इच्छाशक्ति लिये वह जंगल के जानवरों की तरफ देखता। धीरे-धीरे इच्छाशक्ति ने चमत्कार पैदा कर दिया कि वह

सचमुच अपने उद्देश्य में सफल हो गया। जंगल में जाकर जब वह हिंसक जीवों पर अपनी तीक्ष्ण दृष्टि का आघात करता, दृढ़ इच्छाशक्ति के साथ उनके सामने तनकर खड़ा हो जाता और आँख से आँख मिलाता तो भेड़िए, शेर, बाघ, चीते, बिल्ली की तरह डरने लग जाते या दुम दबाकर भाग जाते। राजबेगम नाम की एक खूँखार शेरनी भी उसके संकल्पमात्र 'तू शान्त हो जा' से निस्तेज होकर बिल्ली की तरह लौटने लगी। कूच बिहार में इसके इन करतबों को देखकर सैकड़ों लोग चकित रह गए।

महान दार्शनिक और संन्यासी स्वामी विवेकानन्द ने भी अपने एक भाषण में कहा था कि यदि किसी व्यक्ति को काले साँप ने भी डस लिया हो और वह 100 बार दृढ़तापूर्वक माने कि ऐसा कुछ नहीं है तो उसे जहर नहीं चढ़ेगा। यह इच्छाशक्ति का एक छोटा सा उदाहरण है।

यह सब घटनाएँ बताती हैं कि मनुष्य के भीतर ऐसी विलक्षण शक्ति है। वह केवल अपनी दृढ़ इच्छाशक्ति या इरादे के बल पर जो चाहे, जैसा चाहे, कर सकता है। अपने जीवन को खुशहाल और आनन्दमय बना सकता है। किसी ने ठीक ही कहा है :

उन्हें ही ताज मिलते हैं, उन्हीं को तख़्त मिलते हैं,
जो मंज़िल पर पहुँचने के इरादे सख़्त रखते हैं
कठिन हो राह कितनी भी कभी न हार मानें जो
मिलेगी ही मंज़िल यक़ीं हर वक़्त रखते हैं।

पराए को अपना बनाए मधुर वाणी

मधुर वाणी सबको अच्छी लगती है। प्रत्येक व्यक्ति अपना समर्थन चाहता है और सहानुभूति की अपेक्षा करता है। परिष्कृत, संयत, विनम्र और अपनत्व से अनुप्रमाणित वाणी किस तरह बिल्कुल ही अजनबी व्यक्ति को भी अपना बनाकर सहयोग के लिए बाध्य करती है, इसकी एक प्रसिद्ध घटना है। स्वामी रामतीर्थ वेदान्त का प्रचार-प्रसार करने अमेरिका गए। वहाँ पहुँचने पर जहाज से नीचे उतरनेवाले ही थे कि एक अमेरिकन ने पूछा—स्वामीजी, आपका अमेरिका में कोई मित्र है, किसके यहाँ आप रुकेंगे? स्वामी रामतीर्थ मुस्कुराते हुए बोले—पूरे अमेरिका में मेरा केवल एक ही घनिष्ठ मित्र है और वह मित्र तुम हो। ऐसा कहते हुए उन्होंने अपनत्व भरा हाथ उसके कन्धे पर रख दिया। जाने क्या जादू था उस वाणी में कि वह अमेरिकी अत्यन्त प्रभावित हुआ। उसने आग्रहपूर्वक न केवल स्वामीजी को ससम्मान अपने घर ठहराया अपितु जब तक वे अमेरिका में रहे, हर तरह से सहयोग करता रहा।

आप स्वयं प्रिय और हितकारी वाणी का अभ्यास करके देखें। आपके सम्पर्क में आनेवाले व्यक्ति तो प्रसन्न होंगे ही, आपको भी उनके द्वारा आनन्द की प्राप्ति होगी। कबीरदास जी का कथन इसका प्रमाण है :

ऐसी वाणी बोलिए, मन का आपा खोय।
औरन को शीतल करे, आपहु शीतल होय।।

कटु वचन बोलना वाणी का दुरुपयोग है। वाणी का दुरुपयोग वस्तुतः अविवेक-मूलक है। कुछ व्यक्ति खरी बात कहकर निश्छल और स्पष्टवादी होने का दावा करते हैं। मेरे विचार से इस प्रकार का दावा मिथ्यादम्भ है, जो वास्तविकता का ज्ञान न होने के कारण उत्पन्न होता है। जब तक मन में कटुता नहीं होगी, तब तक कटु वचन अथवा अप्रिय वाणी का प्रादुर्भाव ही नहीं होगा, क्योंकि वाणी विचार की अनुगामिनी होती है। मनु स्मृति में स्पष्ट लिखा है, *''सब कार्य वाणी द्वारा नियंत्रित होते हैं, वाणी उनका मूल है। वाणी*

से उनकी उत्पत्ति होती है। जो व्यक्ति वाणी से ईमानदार नहीं, वह सब कामों में बेईमान होता है।''

अशिष्ट अथवा अशुभ वचन बोलना वाणी का दुरुपयोग है और वाणी का दुरुपयोग व्यक्ति के पराभव और पतन का कारण बन जाता है। कविवर रहीम ने इस सार की बात को अपने एक छोटे-से दोहे में बड़ी गम्भीरता से व्यक्त किया है :

रहिमन जिह्वा बावरी कहि गइ सरग पताल ।
आपहुँ तो भीतर गई, जूती खात कपाल।।

बिना सोचे-विचारे कुछ भी बोलकर जीभ तो मुख के भीतर छिप जाती है किन्तु उसके परिणामस्वरूप कभी-कभी जो जूते पड़ते हैं, वे सिर को सहन करने पड़ते हैं।

कोयल और कौए के रंग-रूप एक समान होते हैं, परन्तु कोयल का स्वर-माधुर्य संसार को आकृष्ट कर लेता है। उसे सुनकर हमें आनन्द की प्राप्ति होती है जबकि कौए की काँव-काँव कोई नहीं सुनना चाहता। न कोयल किसी को कुछ देती है और न कौआ किसी का कुछ हरण करता है। केवल वाणी भेद का चमत्कार ही है। कहा भी गया है :

कागा काकौ धन हरे, कोयल काकौ देय।
मीठी वाणी बोल के, जग अपनौ कर लेय।।

उपर्युक्त कथन को लोककथाएँ बड़े सुन्दर ढंग से प्रस्तुत करती हैं— एक कौआ पश्चिम से पूर्व की ओर जा रहा था। किसी ने पूछा, ''कौआ भाई, किधर जा रहे हो?'' कौए ने उत्तर दिया, ''पश्चिम के लोग बड़े खराब हैं, मैं उनको जब अपना गाना सुनाने लगता हूँ तो वे मुझे लकड़ी दिखाकर उड़ा देते हैं। अब मैं तंग आकर पूर्व की ओर जा रहा हूँ। सुना है, वहाँ के लोग बड़े गुणानुरागी हैं। मेरा गाना सुनेंगे तो मेरी प्रशंसा करे बिना नहीं रहेंगे।'' कौआ जो सुनहरा स्वप्न देख रहा था, वह पूरा नहीं हुआ। उसे वहाँ भी पत्थर की मार खाना पड़ी। अब तो वह सारे संसार को धिक्कार रहा था, ''कैसी अजीब दुनिया है! यहाँ कोई मेरी इज्जत नहीं करता।'' जो वह सारी दुनिया को बुरा-भला कहता है पर अपनी कर्कशता की ओर उसका ध्यान नहीं जाता। तभी तो वह अपने मन को अशान्त बनाए रखते हुए दुखी रहता है। जिस दिन वह यह समझ लेगा कि मेरी कर्कशता ही मेरा अपमान कराती है, तब वह तुरन्त समाधान पा लेगा।

एक राजा ने स्वप्न में देखा कि उसके सब दाँत गिर गए हैं। प्रातः उसने दरबार में अपने सभासद से पूछा कि इस स्वप्न का क्या फल होना चाहिए?

सभासद ने उत्तर दिया, "सरकार, इस स्वप्न का फल यह होगा कि आपके समस्त परिजन आपके जीवन काल में ही मृत्यु को प्राप्त हो जावेंगे।" राजा ने उसका सिर धड़ से अलग करवा दिया। तदुपरान्त उसने वही प्रश्न एक अन्य सभासद से किया। "सरकार, आप अपने समस्त परिजनों की अपेक्षा दीर्घजीवी होंगे।" उसने अत्यन्त विनम्रतापूर्वक उत्तर दिया। राजा ने उसको बहुत इनाम दिया।

दोनों सभासदों का मन्तव्य एक ही था, परन्तु उसको प्रस्तुत करने के ढंग भिन्न थे। एक में कटुता थी और दूसरे में मधुरता थी। उनके परिणाम भी कटु और मधुर रहे।

मधुर वचन बोलने का अर्थ न तो हाँ में हाँ मिलाना है और न ही चाटुकारिता। प्रिय और मधुर वचन बोलना सत्य भाषण की एक शैली है और चाटुकारिता असत्य भाषण का एक रूप है। जीवन को सुखी और समृद्ध बनाने के लिए व्यक्ति को यह सूत्र याद रखना चाहिए कि सत्य और प्रिय बोलो, असत्य और अप्रिय मत बोलो।

एक मानवीय गुण—सहनशीलता

सहनशीलता एक बहुत बड़ा मानवीय गुण है। जिस मनुष्य में यह गुण होता है, उसमें शील, सन्तोष, स्नेह, माधुर्य, साहस, विवेक आदि सभी कुछ होता है। ईश्वर की ओर से सहनशीलता मानव को दिया गया एक उपहार है। सहनशीलता की आवश्यकता हमें पग-पग पर पड़ती है। इस गुण के अभाव में मनुष्य कमजोर पड़ जाता है।

जीवन में ऐसे कई मोड़ आते हैं जब मनुष्य को एक साथ कई विपत्तियों या कठिनाइयों का सामना करना पड़ता है। ऐसी मुश्किलों को प्रतिकूल परिस्थितियाँ कहा जाता है। बीमारी, दुर्घटना, दिवालिया होना, जीवन साथी की मृत्यु आदि हो जाना प्रतिकूल परिस्थिति ही हैं। ऐसे में आदमी का अपनी स्थिति में टिकना मुश्किल लगता है, परन्तु जो व्यक्ति सहनशील होते हैं, वे खराब-से-खराब परिस्थिति को भी अपने अनुकूल बना लेते हैं तथा हर हालत में खुश रहते हैं। भूतकाल में हुई अपनी हानियों की अधिक परवाह न कर वे बड़े धैर्य और आत्मविश्वास के साथ ज़िन्दगी का सफर तय करते हैं।

सहनशीलता का श्रेष्ठ उदाहरण प्रस्तुत करती है यह पौराणिक कथा :

एक बार ब्रह्मर्षि भृगु यह देखने के लिए कि देवताओं में सबसे बड़ा देव कौन है, पृथ्वी के चारों ओर घूम आए। लेकिन इस समस्या का समाधान न हो सका। उन्हें विष्णुजी का खयाल आया। वे जल्दी से शेष-शय्यावासी विष्णुजी के पास पहुँचे। विष्णुजी सो रहे थे और लक्ष्मीजी उनके पास बैठी पाँव दबा रही थीं। भृगु ऋषि ने वहाँ पहुँचते ही विष्णुजी को पाँव की ठोकर मारकर जगाया। विष्णुजी उठे और अपने सामने ऋषि को खड़ा देखा तो वे अति विनम्रता के साथ उनके चरणों को सहलाते हुए कहने लगे, "भगवन्, कहीं मेरी कठोर देह के स्पर्श से आपके कोमल चरण-कमलों को कोई कष्ट तो नहीं पहुँचा?" विष्णु की ऐसी सहनशीलता देखकर भृगु जी पानी-पानी हो गए और उन्होंने उद्घोषणा की कि विष्णु ही सभी देवों में श्रेष्ठ हैं।

मोहम्मद साहब को इस्लाम धर्म के पैगम्बर के नाम से जाना जाता है। वे बेहद सहनशील थे। जब वह एक गली से निकलते थे, तो एक महिला प्रतिदिन उन पर कूड़ा फेंक देती थी, लेकिन मोहम्मद साहब उसकी इस हरकत का विरोध कभी न करते और चुपचाप मार्ग पर आगे बढ़ जाते। एक दिन मोहम्मद साहब उसी गली से गुज़र रहे थे, तो उस दिन उन पर कोई कूड़ा नहीं फेंका गया। मोहम्मद साहब अचरज में पड़ गए। उन्होंने पड़ोसियों से उस महिला के बारे में पूछा। जब उन्हें यह पता लगा कि वह महिला आज बीमार है, तो उन्हें दुख हुआ। वे उसे देखने गए।

मोहम्मद साहब की सहनशीलता और उनके अगाध प्रेम को देखकर महिला का हृदय परिवर्तन हो गया। उसकी आँखों में आँसू भर आए एवं मोहम्मद साहब से क्षमा-याचना की।

महात्मा गौतम बुद्ध सहनशीलता की प्रतिमूर्ति थे। एक बार जब वे बोधि वृक्ष के नीचे आँखें बन्द किए हुए साधना में लीन थे तो एक चरवाहा उधर से निकला। उसकी एक भेड़ खो गई थी। गौतम बुद्ध को पेड़ के नीचे बैठे देख उसने उनसे पूछा कि उन्होंने इधर से जाती हुई किसी भेड़ को तो नहीं देखा? चूँकि गौतम ध्यानावस्था में थे इसलिए उन्होंने चरवाहे की बात का कोई उत्तर नहीं दिया। अब चरवाहे को गुस्सा आ गया। वह गौतम से तू-तू, मैं-मैं कर गालियाँ देने लगा। उसके कटु शब्दों का गौतम पर कोई प्रभाव नहीं पड़ा। वे पूर्ववत् अपनी साधना में बैठे रहे। चरवाहे को गुस्सा आया तो उसने गौतम के कान में चिल्ला-चिल्लाकर गालियाँ दीं और कान में लकड़ियाँ ठूँसीं। गौतम के कानों से खून निकल आया, किन्तु वे अपनी समाधि से विचलित नहीं हुए।

सहनशीलता मस्तिष्क में विचरते हुए किसी भी विकृत विचार की सफाई हेतु साबुन का कार्य करती है। जिस प्रकार धूल-मिट्टी से सने हुए बालक को स्नानादि कराकर साफ-सुथरे कपड़े पहनाकर आप उसे पहले की तरह प्यारा-दुलारा रूप प्रदान करते हैं, उसी प्रकार सहनशीलता भी मस्तिष्क में उपस्थित प्रतिकूल प्रवृत्ति को परिष्कृत करने का महत्त्वपूर्ण कार्य करती है।

कई मनुष्य अपनी नासमझी के कारण जरा-जरा सी बात पर असहनशील हो उठते हैं। जरा-जरा सी बात पर उत्तेजित होने से मनुष्य की मानसिक शक्तियाँ क्षीण हो जाया करती हैं। सहनशीलता एक प्रकार की साधना है। इस साधना को वही व्यक्ति कर पाता है जिसके स्वभाव में धैर्य और मनोबल होता है। ठीक ही कहा गया है :

घर-आँगन स्वर्ग बनेगा, महक उठेगा जीवन सारा।
मात्र बनना होगा सहनशील, तब बदलेगी जीवनधारा।।

आशीर्वाद—एक रक्षा कवच

आशीर्वाद हमारे लिए एक अदृश्य रक्षा कवच होता है। भारतीय संस्कृति में तो आशीर्वाद प्राप्त करने का बहुत महत्त्व माना गया है। कहा गया है :

थका नहीं टूटा नहीं कभी न मानी हार।
अशीषों के कवच पर झेले सभी प्रहार।।

जब कोई छोटा व्यक्ति बड़े के आगे सिर झुकाकर पैर छूता है, तो बड़ा उसे आशीर्वाद देता है। बड़ों के आशीर्वाद में उनका स्नेह, वात्सल्य और सदिच्छाएँ प्रकट होती हैं और छोटों के नमन में उनकी नम्रता, शील और समर्पण।

हमारे प्राचीन पौराणिक कथाओं में अनेक ऐसे उदाहरण भरे पड़े हैं कि आशीर्वाद के फल से मनुष्य मृत्यु तक से बच गया।

इस सन्दर्भ में मृकंडु ऋषि का प्रसंग याद आ रहा है। उनके पुत्र मार्कंडेय को केवल सोलह वर्ष की आयु प्राप्त थी। जब उन्होंने अन्य ऋषियों एवं विद्वानों से उसके दीर्घायु प्राप्त होने का उपाय पूछा तो उन्होंने बताया कि बालक मार्कंडेय नित्य बड़ों के चरण स्पर्श करे और उनसे दीर्घायु होने का आशीर्वाद प्राप्त करे तो निश्चय ही इसकी अल्प आयु का योग टल सकता है और ऐसा ही हुआ। अल्प आयु बालक मार्कंडेय को सर्वाधिक आयु प्राप्त हुई। इसने आगे चलकर 'मार्कंडेय पुराण' की रचना की।

आज के वैज्ञानिक युग में इन कथाओं पर भले ही कोई विश्वास न कर पाए, पर आज यह बात वैज्ञानिक रूप से भी सिद्ध हो चुकी है कि मन की भावनाओं का सामने वाले पर तदनुसार असर होता है। पेड़-पौधों और पशु-पक्षियों तक पर सद्भावना और दुर्भावना का प्रभाव पड़ता है, तो मनुष्य पर आशीर्वाद का असर होना स्वाभाविक ही है। आशीर्वाद एक ऐसी 'रूहानी खुशबू है, जो आत्मा से निकलकर ब्रह्मांड में फैल जाती है। यह रिश्तों को मजबूती से बाँधकर रखता है। माना जाता है कि जिस व्यक्ति के पैर छुए जाते हैं, उसके गुणों का अदृश्य असर छूनेवाले के जीवन में समा जाता है। इससे

आस्था बलवान होकर दृष्टिकोण को सकारात्मक बनाती है। आशीर्वाद बड़ों के मुख से निकला हुआ एक ऐसा अदृश्य रक्षा कवच है, जो हर समय हमारी रक्षा करता है। कहा गया है :

वो खुशनसीब होते हैं, माता-पिता के आशीष जिनके साथ होते हैं।
क्योंकि, माता-पिता के आशीषों के हजारों हाथ होते हैं।

ज्ञान की पूँजी बढ़ाइए

दुनिया के सबसे अमीर आदमी बिल गेट्स, जो कि माइक्रोसॉफ्ट के जन्मदाता हैं, ने हार्वर्ड यूनिवर्सिटी की पढ़ाई बीच में छोड़ दी थी, यदि न छोड़ी होती तो सम्भवत: माइक्रोसॉफ्ट का जन्म न होता। आज गेट्स हार्वर्ड यूनिवर्सिटी को खरीद सकते हैं लेकिन वे अपने लिए एक डिग्री नहीं खरीद सकते।

यदि आपको लगता है कि ज़िन्दगी की बैलेंसशीट इस बात से जुड़ी है कि आपने कितनी धनराशि जुटाई, न कि इस बात से कि आपने कितना ज्ञान अर्जित किया, तो आप सर्वथा गलत हैं। आप बिल गेट्स से पूछें, उन्हें आज भी सम्बन्धित डिग्री न ले पाने का अफसोस है। ज्ञान आपके भीतर ज्यादा आत्मविश्वास व स्टाइल लेकर आता है, जबकि रुपए-पैसे से आप सिर्फ कुछ महँगे आइटम खरीद सकते हैं जो नया फैशन आने के बाद पुराने हो जाते हैं जबकि ज्ञान सदाबहार होता है।

ज्ञान की ताकत और सीमा पर चर्चा करने के पहले हमें यह जानना होगा कि ज्ञान से हमारा तात्पर्य क्या है। असल में ज्ञान हर वह चीज है, जो आपको जीवन के लक्ष्य से परिचित कराती है। अर्थात् आपके जीवन का उद्देश्य तथा उसके प्रति आपका सोच ही आपका ज्ञान होता है। शेष सारी चीजें इससे जुड़ी होती हैं। जब कभी भी आप कुछ नया सीखते हैं तो आपके बुद्धि तथा जानकारी के कोश में बढ़ोतरी होती जाती है तथा आपका दिमाग संकीर्णता को छोड़ सकारात्मक ज्ञान की खुली हवा में साँस लेने लगता है। जहाँ तक ज्ञान की सीमाओं का सम्बन्ध है व्यक्ति, देश, पृथ्वी और ब्रह्मांड को सीमा में बाँधा जा सकता है लेकिन ज्ञान को नहीं। ज्ञान की कोई सीमा नहीं होती। जब ज्ञान पीछे देखता है तो दुनिया के इतिहास का पता लगा लेता है। और जब आगे देखता है तो भविष्य की परतों को खोलता हुआ समय से सैकड़ों वर्ष आगे का हाल देख लेता है। ज्ञान जब नीचे देखता है तो धरती का सीना चीरकर बेशकीमती ख़ज़ाना खोज ले आता है। यह जब शरीर से जुड़ता है तो मरहम बनकर इनसान को मौत के मुँह से खींच लाता है।

संसार में कोई भी ऐसा व्यापार, उद्योग या पेशा नहीं है जो हमेशा लाभदायक हो। कोई भी ऐसा सौदा, कोई भी ऐसी पूँजी नहीं है, जिसमें हमेशा लाभ हो, कभी हानि न हो। जहाँ लाभ है वहाँ कभी-न-कभी हानि भी होती है। लेकिन एक विनियोग ऐसा है, एक पूँजी ऐसी है जिसमें न कभी हानि है और न उसके डूबने या खोने का खतरा है। वह है—ज्ञान की पूँजी।

लगभग दो हजार वर्ष पहले की घटना है। यूनान के एक शहर पर शत्रुओं ने आक्रमण कर दिया। शहरवासियों ने यद्यपि बड़ी बहादुरी से उनका मुकाबला किया। तथापि वे असफल रहे। किन्तु आक्रमणकारियों ने उनकी बहादुरी से प्रसन्न होकर उन्हें यह सुविधा दे दी कि वे शहर छोड़ते समय उनसे जो ले जाया जा सके उतना सामान ले जाएँ।

परिवार के प्रत्येक स्त्री, पुरुष और बच्चे अपने सर और पीठ पर सामान लादे चले जा रहे थे। बोझ से उनकी कमर झुकी जा रही थी, पाँव लड़खड़ा रहे थे। प्यास से कंठ सूखे जा रहे थे और सब हाँफ रहे थे। सबकी बड़ी दयनीय दशा थी। लेकिन उनमें एक ऐसा पुरुष था जिसके पास ले जाने को कोई सामान न था। खाली हाथ शान्ति से चला जा रहा था। वह दार्शनिक था—बायस।

"क्या तुम्हारे पास ले चलने को कोई सामान नहीं है? क्या तुम अपने साथ कुछ भी नहीं ले चल रहे हो?" बोझ से दबे जाते हुए उसके साथियों ने उससे पूछा।

एक स्त्री ने करुण स्वर से कहा, "ओह! बेचारा कितना गरीब है, उसके पास ले जाने को कुछ है ही नहीं!"

दार्शनिक हँसा, उसने मुस्कुराते हुए उत्तर दिया, "अपने साथ मैं अपनी सारी पूँजी ले चल रहा हूँ।"

सुनकर लोगों को आश्चर्य हुआ, क्योंकि देखने में तो वह खाली हाथ ही चल रहा था। लेकिन नहीं, वह दार्शनिक जो था, ज्ञान की उसकी पूँजी के आत्ममन्थन से निकले हुए विचार थे, जिन्हें वह अपने मस्तिष्क में अपने साथ लिये जा रहा था। उसकी वह अदृश्य पूँजी सदा उसके साथ रहती थी और उसका न उसके दिल पर कोई बोझ था, न शरीर पर। इसलिए चिन्ता से मुक्त था और ऐसे समय भी वह निश्चिन्ततापूर्वक पथ पर पग बढ़ाए जा रहा था।

ज्ञान जहाँ से मिले ग्रहण करें

बम्बई (अब मुम्बई) उच्च न्यायालय के न्यायाधीश रानाडे उन दिनों कांग्रेस के नेता थे। रानाडे ने उच्च शिक्षा प्राप्त की थी। बेहतर पद की उपलब्धि के

बाद भी रानाडे की ज्ञान पाने की भूख मिटी नहीं थी। उनमें कुछ-न-कुछ नया सीखने की सदैव ललक बनी रहती थी, इसलिए जहाँ भी अवसर मिलता, वे प्रयास करते कि उनके ज्ञान में अभिवृद्धि हो। एक बार उनके मन में विचार आया कि बांग्ला भाषा सीखी जाए। उन्होंने ऐसे व्यक्ति की खोज आरम्भ की, जिसका बांग्ला भाषा पर अच्छा अधिकार हो। बहुत प्रयास के बाद भी रानाडे को ऐसा व्यक्ति नहीं मिल पाया। एक दिन उनका नाई जब उनकी हजामत बनाने आया तो रानाडे ने इस बात की चर्चा उससे की। संयोग ने नाई बांग्ला भाषा का जानकार था। यह जानकर रानाडे प्रसन्न हो गए और उन्होंने नाई से उसी दिन से बांग्ला सीखनी शुरू कर दी। यह देखकर उनकी पत्नी ने कहा, "आप पढ़ भी रहे हैं तो किससे? कोई सुनेगा, तो आपके सम्मान को धक्का लगेगा।" रानाडे हँसते हुए बोले, "दत्तात्रेय ने तो 24 गुरु बनाए थे। उनमें कीड़े-मकोड़े, पशु-पक्षी तक थे। फिर हमें नाई को गुरु बनाने में क्या आपत्ति होना चाहिए?" दरअसल ज्ञान जहाँ से भी मिले, उसे हृदय से ग्रहण किया जाना चाहिए। ज्ञान सार्वभौमिक है, वह किसी व्यक्ति या जाति विशेष की बपौती नहीं है, इसलिए वह जहाँ भी जिससे भी मिले, स्वीकार किया जाना चाहिए। सार यह है कि ज्ञान का स्रोत कोई भी हो किन्तु ज्ञान सदा कल्याणकारी होता है।

ज्ञान और चिन्तन जीवन के सैद्धान्तिक पक्ष हैं। इसका व्यावहारिक पक्ष श्रेष्ठ कर्मों से है। कर्म की प्रधानता गीता में भी बताई गई है।

जिस प्रकार आत्मा के बिना शरीर निष्प्राण है उसी प्रकार कर्म के बिना ज्ञान अधूरा ही नहीं निष्काम है। फारसी की एक कहावत है कि इल्म (ज्ञान) एक घोड़ा है और उस पर सवारी अमल (कर्म) है। घोड़ा चाहे कितना भी अच्छा हो, यदि उस पर सवारी न करें तो उसकी अच्छाई किस काम की! तुलसीदासजी ने भी कहा है :

सकल पदारथ हैं जग माहीं। कर्महीन नर पावत नाहीं।।

मकान नहीं, घर बनाइए

'घर' शब्द सबके लिए प्रिय है। एक बालक रो रहा है, उससे कह दें, चलो घर चलें, तो वह रोता हुआ चुप हो जाएगा। घर शब्द में माधुर्य है कि बालक अपना रोना भूल जाता है। आखिर ऐसा क्या है घर में ? घर वह स्थान है जहाँ आप आत्मीयता का अनुभव करते हैं। जहाँ हम सीखते हैं दूसरों के लिए अपने सुख का कैसे उत्सर्ग किया जाए। घर कहता है, दूसरों के लिए जी और दूसरों के बल पर जी। क्या लेना, कितना लेना और कितना देना—इस प्रश्न का उत्तर घर ही देता है।

घर और मकान शब्द दो हैं पर अर्थ एक ही है अर्थात् रहने का स्थान। पर दोनों शब्दों में एक मूलभूत अन्तर है। मकान ईंट, रेत व सीमेंट से ढाला गया एक आकार होता है जबकि घर उसमें रहनेवाले इनसानों से बनता है। संसार के किसी भी कोने में आप चले जाएँ, कहीं भी रहें, इनसान का शरण-स्थल घर ही होता है। मकान तभी घर बनता है जब उसमें रहनेवाले उसे सही अर्थों में घर बनाना चाहते हों।

घर को यदि हम वाटिका मान लें तो उसमें प्रेम और स्नेह को पुष्प मानकर चलना पड़ेगा, क्योंकि घर के प्राण तो प्रेम में ही बसे रहते हैं। यह प्रेम ही है जो पति को पत्नी से, सास को बहू से, भाई को भाई से एवं सभी सदस्यों को एक-दूसरे से बाँधे रखता है। प्रेमभाव की सबसे बड़ी विशेषता यह है कि वह अपनी हानि मंजूर करके दूसरों को लाभान्वित करने के लिए आगे बढ़ता जाता है। प्रेम में बदले की भावना नहीं होती है। मतलब यह है कि घर में यदि निश्छल प्रेमियों का जमावड़ा है तो यह त्याग और बलिदान के लिए हर समय तैयार रहेगा। प्रेम की डोरी में बँधकर ही कठिनाई के समय एक-दूसरे से सुख प्राप्त कर सकता है अन्यथा नहीं। प्रेम की इस भावना में डूबकर ही पिता पुत्र के लिए, भाई बहन के लिए, माँ बेटी के लिए सब कुछ त्याग देते हैं। स्वयं कष्ट उठाकर भी माँ अपनी सन्तान के सुख की माला जपती रहती है।

आप अपने घर की कीमती सामान से कितनी भी सजावट क्यों न कर

लें, किन्तु वह सजावट तब तक सुखप्रद न बनेगी जब तक आप अपने घर को प्रेम, विनय, त्याग और सहनशीलता के गुलदस्तों से न सजा दें।

घर में सास भी है और बहू भी। ये घर के प्रमुख पात्र हैं। यदि इनके बीच प्रेम की गंगा बह रही है तो घर में स्वर्ग है पर आज सास-बहू में आदर्श और व्यवहार का अजीब सा संघर्ष देखने को मिल रहा है। आज स्वार्थ और अपेक्षा के इस युग में इस रिश्ते के बीच दरारें और बढ़ गई हैं।

सास को बहू से शिकायत है और बहू को सास से। बहू कहती है—कभी एक मिनट भी चैन नहीं लेने देती। मेरी सास की जीभ हमेशा चलती रहती है। मेरी सास से मेरी जरा भी नहीं पटती। मेरी सच्ची बात भी उन्हें झूठी लगती है। कभी प्रेम के बोल सुनने को नहीं मिलते। सुबह से शाम तक काम करती हूँ। खून-पसीना बहाती हूँ फिर भी दो मीठे शब्द सुनने को नहीं मिलते।

अब सास की कहानी भी सुन लीजिए। वह कहती है—मैं घर की प्रतिष्ठा बनाए रखती हूँ। तुम क्या जानो घर कैसे चलाया जाता है! नए-नए शौक और नए-नए फैशन में घर बर्बाद हो रहा है। कमाई नहीं है। बेचारा लड़का सुबह से शाम तक दुकान पर बैठता है तब दो पैसे कमाता है। पर इन्हें क्या? आया और साफ। पैसे के पैर लग गए हैं इसीलिए घर में पैसा टिकता ही नहीं है। मैं सीधी-सच्ची बात कहती हूँ तो मिर्च लग जाती है। मैं ही बुरी हूँ। दुनिया मुझे ही बोलती है। तो क्या मुझे लड़ने का शौक है?

सुन ली दोनों की कहानी! दोनों की बातों में कानापन समाया हुआ है। बहू को सास का बुढ़ापा नहीं दिखता और सास को नए युग का नयापन नहीं दिखाई देता। इसीलिए दोनों एक-दूसरे को कोसती हैं। किन्तु वही बहू जब अपनी माँ के पास जाती है तो उसे न उसका बुढ़ापा अखरता है, न उसको जीभ लम्बी लगती है। माँ के घर वह सुबह से शाम तक काम करती है। चूल्हा भी फूँकती है। बर्तन भी माँजती है। कपड़े भी धोती है। खून का पसीना भी होता है। फिर भी खून सूखता नहीं।

दूसरी ओर, सास की लड़की जब घर आती है तब क्या वह पुराने ढर्रे पर चलती है? नए फैशन नहीं करती? उसके लिए तो माँ नई-नई फैशनेबल चीजें खरीदकर लाती है। उसे प्रेम से देती है। वहाँ कमाई और खर्च के मेल की चिन्ता नहीं सताती। वहाँ सीधी-सच्ची बातें भूल जाती है जो रोज-रोज बहू के कान को पीड़ित करती हैं।

घर का यह नरक एक दिन में स्वर्ग में बदल सकता है यदि बहू सास को माँ मान ले और सास बहू को बेटी समझ ले। दृष्टि बदलते ही सृष्टि बदल जाएगी। जब तक दृष्टि नहीं बदलेगी तब तक यही क्रम चलता रहेगा।

बहुओं के बारे में किसी ने कहा है :

वो बहुएँ खुशनसीब होती हैं, सास–ससुर के आशीष जिनके साथ होते हैं

क्योंकि सास–ससुर के आशीषों के हजारों हाथ होते हैं।

आज भौतिकता के बढ़ते प्रभाव के कारण घर बिखरते नजर आ रहे हैं। एक समय था जब संयुक्त परिवार संस्कृति हमारी पहचान थी। एक ही घर में, एक ही छत के नीचे परिवार के सदस्य पीढ़ी–दर–पीढ़ी मिलकर रहते थे। परिवार के सदस्यों में समर्पण की भावना थी, परिवार के वरिष्ठ सदस्यों के प्रति सम्मानजनक व्यवहार होता था और अब संयुक्त परिवार का स्थान एकल परिवार ले रहे हैं। लेकिन एकल परिवार में भी आज सुख–शान्ति में कमी होती जा रही है। हमारा घर हर आदमी का सपना होता है। पर उसे वह तभी पूरा सकता है जब वह उसे अपनेपन से सराबोर कर दे। घर परिवार के किसी एक सदस्य से नहीं बन सकता। यह तो सबकी मिली–जुली कोशिश और सहयोग से ही सम्भव है।

जिज्ञासु मन लेकर चलें

यदि आप ज़िन्दगी में खुश रहना चाहते हैं, खालीपन—जो निराशा और अवसाद का जनक है—से बचना चाहते हैं, तो जिज्ञासु बनिए। इससे आपको ज़िन्दगी को खूबसूरत बनाने में और नई चीजों को अनुभव करने की ज्यादा सम्भावनाओं के बारे में पता चलेगा।

जिज्ञासा एक बड़ी वस्तु है। यदि आपके अन्दर जिज्ञासा है तो आप बड़े-से-बड़े कार्यों को सीख जाते हैं। पर यदि आपके अन्दर जिज्ञासा नहीं है तब यह कैसे सम्भव है और क्योंकर सम्भव है। किन्तु आप किसी कार्य की शुरुआत करते हैं और उसमें असफल हो जाते हैं, यदि आपमें यह जानने की जिज्ञासा है कि उस कार्य की बारीकियाँ क्या हैं तभी तो आप उसे पुनः प्रारम्भ करने का साहस करेंगे, अन्यथा आप उसे वहीं छोड़ देंगे।

जिज्ञासु व्यक्ति हर बात की बारीकियों के बारे में जानना चाहता है। वह कोई प्रश्न पूछता है ऐसा करने से कब, क्यों, कहाँ, कैसे, क्या और कौन के बारे में जानकारी मिलती है। इससे काम को करने के बेहतर तरीकों के बारे में पता चलता है। जब आप उत्सुक होते हैं तो जानकारी का स्तर लगातार बढ़ता है। आप जितना ज्यादा सीखते हैं उतना ज्यादा नया सीखने की कोशिश करते हैं। नई जानकारियाँ आपको नई चुनौतियों का सामना करने के लिए तैयार करती हैं।

महान वैज्ञानिक आइज़क न्यूटन बचपन से ही जिज्ञासु थे। जब वे बालक ही थे कि तारों ने उनका मन मोह लिया। अभी वे बारह वर्ष के हुए थे कि उन्होंने अपने बगीचे में एक धूपघड़ी बना डाली। उन्होंने तारों के विषय में जानकारी प्राप्त करने के लिए हर अवसर का लाभ उठाया। पुस्तकों से, मिलने-जुलनेवालों से और यहाँ तक कि अजनबियों से भी तारों के सम्बन्ध में जानकारी जुटाई। सुखी एवं सफल जीवन बिताने के बाद पचासी वर्ष की उम्र में उनका देहान्त हुआ।

इसी प्रकार महान वैज्ञानिक एडिसन के बचपन की एक घटना है कि जब वे छोटे थे, तो उन्होंने देखा कि मुर्गी अंडे पर बैठ जाती है, तब बच्चे का जन्म

होता है। ऐसा विचार करके वे भी एक अंडे पर बैठ गए, जिससे कि एक बच्चे का जन्म हो सके, पर अंडा फूट गया एवं कपड़े खराब हो जाने की वजह से उनको डाँट पड़ी।

न्यूटन और एडिसन के जीवन से जुड़ी ये घटनाएँ चाहे कैसी भी हों, लेकिन एक बात तो स्पष्ट है कि उनके अन्दर तीव्र जिज्ञासा थी, उनकी इसी जिज्ञासा ने उन्हें विश्व का महान वैज्ञानिक बनाया।

रस्किन का मन चिड़ियों, कीड़ों, पशुओं, पेड़ों, नदियों, पहाड़ों, सूर्यास्त और प्राकृतिक दृश्यों, चातक और झरनों की स्मृतियों से सम्पन्न था। उसके मस्तिष्क में मकानों, मूर्तियों आदि के हज़ारों चित्र मौजूद थे और इस दौलत को उसने ऐसे रूप में पुन: प्रस्तुत किया जिसमें यह सदा के लिए आनन्ददायक बन गई। उसके जिज्ञासु मन को हर वस्तु अपना सबक और रहस्य देती थी।

यदि हम अपने जीवन में जिज्ञासु मन लेकर हर चीज को देखते चलें तो हम बड़ी भारी मानसिक दौलत और सारे भौतिक धन से अधिक बड़ी समझदारी और खुशहाली प्राप्त कर सकते हैं।

इस दुनिया में आप अद्वितीय हैं

दुनिया का हर व्यक्ति एक-दूसरे से भिन्न होता है। व्यक्तिगत तौर पर हम कई जटिल भिन्नताओं के मिश्रण से बने हैं। हमारे पूर्वज रिवाजों, व्यक्तित्व, ऊर्जा स्तर और भी ऐसी कई बातों को महत्त्व देते थे। यहाँ तक कि जो बच्चे एक घर में एक साथ पलते एवं बड़े होते हैं, वे भी एक-दूसरे से भिन्न होते हैं। प्रत्येक व्यक्ति का अपना एक निजी इतिहास होता है, जो उसके अन्दर निजी गुणों का उत्तरदायी होता है।

आप अद्वितीय हैं, किसी और के पास आप जैसी आवाज, आप जैसा कद, आप जैसे फिंगर प्रिंट या जैसा कि खोजी कुत्ते बताते हैं, आपके शरीर जैसी गन्ध नहीं है। इससे भी महत्त्वपूर्ण बात यह है किसी और के पास आप जैसा दिमाग नहीं है। आप इस धरती के पाँच बिलियन लोगों से हर महत्त्वपूर्ण मामले में अलग हैं। आपसे पूर्व आनेवाले सैकड़ों बिलियन लोगों में पहले भी कभी आपके जैसा नहीं रहा है और आपके बाद आनेवाले कई ट्रिलियन लोगों में भी कोई बिल्कुल आप जैसा नहीं होगा। इसलिए आप अपनी समस्त कमजोरियों और अच्छाइयों सहित अपने आपको प्रेमपूर्वक स्वीकार कीजिए। किसी और जैसा बनने की कोशिश मत कीजिए। आप जो हैं, वही बनिए। किसी से अपनी तुलना करके अपने आपको हलका और घटिया महसूस मत कीजिए।

अधिकांश तनाव तब आते हैं जब हम अपनी तुलना दूसरों से करते हैं। यदि आप वास्तव में सुखी रहना चाहते हैं, जीवन का आनन्द उठाना चाहते हैं तो अपनी तुलना दूसरों से न करें। सिर्फ स्वयं से ही तुलना करें।

दुनिया का कोई भी व्यक्ति पूर्ण नहीं है। हम सभी अच्छाइयों और कमियों के ताने-बाने से बुनकर बनाए हुए हैं। हमारी बहुत सी कमजोरियाँ हो सकती हैं, मगर बहुत सारी क्षमताएँ भी हैं, जिन्हें अभी तक हम पहचान नहीं पाए हैं। पंकज अर्थशास्त्र का प्राध्यापक है, पत्र-पत्रिकाओं में लिखता है, साहित्यिक गोष्ठियों में भाग लेता है तथा अपनी शेरो-शायरी युक्त वक्तव्य शैली से लोगों को प्रभावित कर उनकी प्रशंसा को बटोरता है। राजेश एक

जनरल इंश्योरेंस कम्पनी में काम करता है। साथ ही जमीन तथा आवासीय प्लॉट बेचने व खरीदने का काम भी करता है। उसकी कुछ प्रभावशाली नेताओं से अच्छी जान-पहचान भी है। दोनों अपने-अपने स्वभाव और रुचियों के अनुसार जीवन जी रहे हैं। अब अगर पंकज राजेश के धन-दौलत, व्यवसाय और नेताओं से सम्पर्क की तुलना अपने अन्तर्मुखी व्यक्तित्व से करके आत्मग्लानि महसूस कर दुखी हो जाए तो यह गलत होगा। इसी प्रकार राजेश भी अपनी तुलना पंकज के लेखन-कार्य, साहित्यिक गतिविधियों और प्रभावी भाषण कला की योग्यताओं से करके हीन महसूस कर सकता है। सार यह है कि अपनी अक्षमताओं और दूसरों की विशेषताओं की तुलना कभी नहीं करना चाहिए। हर व्यक्ति अद्वितीय है। अपने समान अकेला वही है। कभी आप अपनी विशेषताओं और गुणों पर भी विचार कीजिए। तटस्थ होकर देखिए कि आपमें ऐसे बहुत से गुण और विशेषताएँ हैं जो कइयों में नहीं हैं फिर दुखी होने का कोई कारण ही नहीं है। किसी ने ठीक कहा है :

यह जीवन है अद्वितीय, मत लीक पकड़कर चला करो,
कुछ खोजो राह नई अपनी, खुद दीपक बनकर जला करो।

दिमाग के साथ दिल की भी सुनें

एक पूरी तरह तार्किक व्यक्ति अपने दिल की बात नहीं सुन सकता, यहाँ तक कि वह दिल की भाषा तक नहीं जानता। उसकी ज़िन्दगी के ढेर सारे बौद्धिक रिश्ते, जिनकी बुनियाद में नफा-नुकसान ही मुख्य रहता है, स्वार्थ एवं अहंकार की बुनावट और बनावट से बने ये भावनाविहीन गणितीय रिश्ते जितनी तेजी से बनते हैं उतनी ही तेजी से टूटते भी हैं।

प्रेम, सेवा, त्याग, सहिष्णुता, वफादारी, ईमानदारी, न्यायप्रियता जैसे मूल्य अब अतीत की बातें होती जा रही हैं। सबसे बुद्धिमान कहे जानेवाले प्राणी मनुष्य ने आज खुद को संसार का सर्वेसर्वा समझ लिया है। अपनी बुद्धि पर इतराते वह दुनिया को अपनी मुट्ठी में करना चाहता है। आज ममता, दया, करुणा, स्नेह से शून्य अपने स्वार्थ के लिए सब कुछ करने को तैयार रहनेवाले लोगों की एक जमात तैयार हो गई है।

मनोवैज्ञानिकों ने जो शोध किए, उन शोध निष्कर्षों से यह पता चला है कि संसार में ज्यादातर दो प्रकार के लोग मिलते हैं। एक तो मस्तिष्क द्वारा काम करनेवाले, दूसरे हृदय द्वारा काम करनेवाले, तीसरे प्रकार के लोग जिनकी संख्या कम ही है, मस्तिष्क एवं हृदय दोनों द्वारा संचालित होते हैं।

मस्तिष्क में बुद्धि, तर्क, कुतर्क, योजना, विचार आदि का समावेश रहता है, अत: इससे संचालित लोग बुद्धिशाली और योग्य होते हैं। बुद्धि व्यक्ति को सफलता के अलग-अलग सोपानों तक पहुँचाने में सहायक होती है। अत: मस्तिष्क द्वारा संचालित लोग कुशल वैज्ञानिक, इंजीनियर, डॉक्टर, व्यवसायी, प्रबन्धक एवं तथाकथित प्रवचनकार आदि मिल जाएँगे। जबकि हृदय द्वारा संचालित व्यक्ति दया, प्रेम, करुणा, संवेदना आदि से ओत-प्रोत रहते हैं।

याद रखिए हृदय और बुद्धि सामाजिक व्यवहार के दो पहलू हैं। दोनों के बीच समन्वय की आवश्यकता है। यदि हम एक को अधिक महत्त्व देने लगते हैं तो वह निर्णायक बनने लगता है।

वर्तमान में मस्तिष्क का बहुमुखी विकास हो गया है। किन्तु हृदय का विकास नहीं होने से मानव मानवीय गुणों से हीन होता जा रहा है। आज वह अपने सिवाय सबको ठोकर मारने के लिए आमादा हो जाता है। दूसरे रिश्तों की बात तो अलग है, माता-पिता, पति/पत्नी, बच्चे तक उसकी नज़र में व्यर्थ हो जाते हैं। पैसे और स्वार्थ की तुलना में बाकी सब बेमानी है। धन-दौलत के लिए वह कितना गिर सकता है कि अपनी बहन, बेटी, बीवी, भतीजी-भानजी को बेच देता है। जीवित व्यक्तियों की किडनी आदि अंगों को निकालकर बेच देने में उसे कोई उज्र नहीं होता। स्पष्ट है कि हृदयहीन बुद्धि मनुष्य को पशुता की ओर ले जाती है इनसानियत छीन लेती है। अतः हमें बौद्धिक कुचक्रों से बाहर निकलकर अपने हृदय को परिष्कृत करना चाहिए क्योंकि परिष्कृत हृदय में ही पवित्र भावना का निवास रहता है। भावना की पवित्रता का स्पर्श पाकर बुद्धि भी निर्मल हो जाती है। हमारे अन्दर की भावनाओं को हम कैसे जीवन्त रखें? हमारा यह सबसे महत्त्वपूर्ण काम होना चाहिए। किसी ने ठीक ही कहा है :

हैवान से भी कम नहीं आदमी
शैतान से भी कम नहीं आदमी
किन्तु अगर पवित्र हों भावनाएँ
तो भगवान से भी कम नहीं आदमी।

आज के इस भयानक निष्ठुर संसार में अपने रिश्ते-नातों एवं सम्बन्धों को स्नेहपूर्ण बनाने हेतु अपने मन में कोमल एवं प्रेमपूर्ण भावनाएँ भरने की आवश्यकता है। पवित्र भावना ही खुशहाल और सुखी जीवन का सार है तो फिर जलाइए भावनाओं की ज्योति।

जीवन में खालीपन मत आने दीजिए

कहा जाता है 'खाली दिमाग शैतान का घर'। यह आपको वर्तमान से हटाकर बहुत दूर अतीत की अँधेरी गलियों में भटका देता है। अतीत में भटकते-भटकते आप अपनी भयंकर भूलों और गलतियों पर पछतावा करने लगते हैं। कितना अच्छा होता मैंने उस समय प्लॉट खरीद लिया होता, कितना अच्छा होता मैं पुरानी नौकरी नहीं छोड़ता! ज़िन्दगी कितनी अच्छी होती यदि मैंने इस बेअक्ल और मुँहजोर लड़की से शादी न की होती आदि। हमें इस बात का ध्यान ही नहीं रहता कि वह समय बीत चुका है और दुनिया का कोई भी उसका एक पल भी नहीं लौटा सकता। अब तो हम वर्तमान को सँवारने के अलावा कुछ नहीं कर सकते। अतीत में बार-बार लौटकर बिना कारण दुखी क्यों हों? कहा भी गया है :

का बरषा जब कृषी सुखाने, समय चूक पुनि का पछताने

या

अब पछताए होत का, जब चिड़ियाँ चुग गईं खेत।

जार्ज बर्नार्ड शॉ ने एक स्थान पर लिखा है कि व्यस्तता सबसे अच्छी पीड़ा निवारक दवा (ट्रंक्विलायजर) होती है। व्यस्त रहिए और मन में शान्ति पाइए। उन्होंने आगे लिखा है, "खाली बैठने से अच्छा है कुछ-न-कुछ करते रहना, कुछ करने को न हो तो मक्खियाँ ही मारिए। इससे आपकी एक्सरसाइज होगी और रक्त संचालन ठीक रहेगा।"

डॉ. जौजे एफ मेटिग्यु ने अपनी पुस्तक 'नर्बस स्टमक ट्रेबल' में स्पष्ट किया है कि जीवन में खालीपन अवसाद लाता है जिसके कारण न केवल कई तरह की बीमारियाँ पैदा हो जाती हैं वरन् यह खालीपन उसे आत्महत्या तक के लिए प्रेरित करता है।

प्राय: ऐसा देखा जाता है कि अपने सेवाकाल में सक्रिय और जवान बने लोग सेवानिवृत्ति के बाद बहुत जल्दी न केवल बूढ़े नजर आने लगते हैं वरन् नकारात्मक सोच से ग्रसित हो जाते हैं। इसका कारण साफ है, वे सोचने लगते हैं कि अब वे उपयोगी नहीं रहे और अब किसी को उनसे कोई सरोकार

नहीं रहा। ऐसी स्थिति में वे समाज से कट जाते हैं। ऐसे लोगों के लिए यह जरूरी है कि वे कोई शौक पाल लें या समाज-सेवा के कार्य में लग जाएँ ताकि उन्हें जीवन जीने का उद्देश्य मिल सके और यह अहसास बना रहे कि वे उपयोगी आदमी हैं, बेकार नहीं।

मनोवैज्ञानिक बताते हैं कि जहाँ असफल व्यक्ति हताशा में डूबकर मौत को गले लगा लेता है, वहीं भौतिक उपलब्धियों के शिखर पर पहुँचने के बाद व्यक्ति को जीवन में किसी उद्देश्य की कमी खटकने लगती है और यह उद्देश्यहीनता या खालीपन उसे आत्महत्या की ओर भी ले जा सकता है।

लगभग दो वर्ष पूर्व गोवा में एक युवा दम्पती द्वारा की गई आत्महत्या ने सबको दहला दिया था। 39 वर्षीय सॉफ्टवेयर इंजीनियर आनन्द और उनकी 36 वर्षीय पत्नी दीपा अपने फ्लैट में फाँसी पर झूलते पाए गए। किसी आर्थिक कठिनाई, बीमारी या फिर सम्बन्धों में तनाव के कारण इस तरह की आत्महत्या हैरत पैदा नहीं करती। हैरत की बात यह थी कि आनन्द-दीपा दम्पती आर्थिक रूप से सम्पन्न था, सफल था, स्वस्थ और खुश था फिर ऐसा कदम क्यों उठाया? उनके फ्लैट में मिला सुसाइड नोट इस सवाल का उत्तर देता है। इसमें उन्होंने लिखा था, ''हमने खूब अच्छी ज़िन्दगी गुजारी है। हम दुनिया भर में घूमे हैं और कई देशों में रहे हैं। हमने इतना पैसा कमाया जिसकी हमने कभी कल्पना भी नहीं की थी और उसे उन चीजों पर खर्च किया जिनसे हमें खुशी मिलती थी। और अब जीने के लिए कुछ बचा नहीं है इसलिए हम आत्महत्या कर रहे हैं।''

यह अविश्वसनीय लगता है कि पैसा, प्रसिद्धि और सफलता पाने के बाद कोई उसका आनन्द लेने के स्थान पर मृत्यु की ओर उन्मुख हो। मगर मनोचिकित्सक कहते हैं कि यह बात उतनी विलक्षण नहीं है। मनोचिकित्सक सलाह देते हैं कि सफलता जनित अवसाद से ग्रस्त लोग उन लोगों से प्रेरणा लें जिन्होंने ऐसे अवसाद को सकारात्मक दिशा की ओर मोड़ दिया है। कुल मिलाकर यह कहा जा सकता है कि यदि जीवन में खालीपन महसूस हो रहा हो तो उसकी पूर्ति मृत्यु से मत करो, जीवन के नए उद्देश्य ढूँढ़ो। अपने लिए जी चुके तो औरों के लिए जियो। यही सफल और सुखी जीवन की असली पहचान है। किसी ने ठीक ही कहा है :

फूल अपने चमन में खिला लेते हैं सभी
कभी दूसरे के चमन में भी खिला दीजिए।
ज़िन्दगी तेरी ख़ुशियों से भर जाएगी
कभी किसी रोते को हँसा दीजिए।

विचारों की शक्ति को पहचानें

मानव की मानसिक शक्तियों में 'विचार शक्ति' का महत्त्वपूर्ण स्थान है। यही शक्ति मनुष्य में नवजीवन एवं नवचेतना का संचार करती है। विचार मनुष्य का प्राण है, जीवनदायिनी शक्ति है। विचारों से ही मनुष्य का व्यक्तित्व मुखरित होता है। वस्तुतः, हाड़–मांस के पुतले में जो जादू भरा है, वह विचार शक्ति ही है। इसके बिना मानव पशु तुल्य है।

व्यक्ति पर विचार का अद्‌भुत प्रभाव होता है। विचार ही मनुष्य को ऊपर उठाते हैं और विचार ही मनुष्य के पतन का कारण बनते हैं। विचार से निराश मन में आशा का संचार होता है। एक विचार से अर्जुन जैसा योद्धा कुरुक्षेत्र में पलायन करना चाहता है किन्तु भगवान श्रीकृष्ण के चमत्कारित विचारों के प्रभाव से वही अर्जुन गांडीव उठाकर युद्ध के लिए तैयार हो जाता है। यह है विचार की शक्ति। इसीलिए एमरसन ने कहा है कि विचार से अधिक ठोस वस्तु ब्रह्मांड में नहीं है।

विचारों में ज्ञान की झलक से आदमी की पहचान बनती है। विचार ही उसे महान बनाते हैं। विचारों में ज़िन्दगी का सार है। ज़िन्दगी जैसी भी है, अच्छे विचारों से दमकती रहती है। मस्तिष्क में उभरा एक अच्छा विचार ज़िन्दगी को सुधार सकता है। विचारों के अनुसार हाथों की रेखाएँ बदलती हैं, आँखों में आत्मविश्वास की चमक आने लगती है, विचारों के उजाले से जीवन सँवर जाता है।

आदिकाल से ही विचारों पर विचार क्रम जारी है। गीता एवं ऋग्वेद की ऋचाओं से भी स्पष्ट होता है कि इस सम्बन्ध में ऋषि–मनीषियों का बहुत पहले ध्यान चला गया था। इसलिए उन्होंने लिखा है, "जो जैसा सोचता है और करता है, वह वैसा ही बन जाता है।" जीवन कला विशेषज्ञ डेल कॉर्नेगी का कथन है, "मैंने सबसे अधिक महत्त्वपूर्ण बात यह देखी कि विचारों की शक्ति से बढ़कर इस संसार में कोई शक्ति नहीं है। इसी के सहारे मनुष्य जो बनना चाहता है, बन जाता है।" शेक्सपियर के विचार भी इससे ही मिलते–जुलते हैं। उन्होंने

लिखा है, "हमारे विचार ही प्रतिकूलता, अनुकूलता गढ़ते हैं, वे ही हैं जो हमें उदासी या प्रसन्नता देते हैं।" वैज्ञानिक भी इस बात की पुष्टि करते हैं कि मन:स्थिति से ही परिस्थितियाँ निर्मित होती हैं।

अब तो विज्ञान ने यह सिद्ध कर दिया है कि विचारों का प्रभाव विकसित और चेतना वाले मानव या पशुओं पर ही नहीं अपितु वनस्पति आदि अविकसित चेतन–प्राणियों पर भी पड़ता है। इस सम्बन्ध में किए गए प्रयोगों में यह पाया गया कि मनुष्य के गहरे विचार उनके रंग, रूप, गुण–धर्म और आकार भी बदल सकते हैं।

कुछ वर्ष पहले की घटना है। अमेरिका के कैलिफोर्निया का एक कृषिविज्ञानी एलन फोर्ड वैज्ञानिक रीति से अपने खेतों में कुछ प्रयोग कर रहा था।

इसी बीच उसने कोई पुस्तक पढ़ी कि "मनुष्य के विचारों व संकल्पों में विलक्षण शक्ति होती है।" "जैसा विचार करो, वैसा ही निर्माण हो जाता है।" उसने इस विषय पर एक प्रयोग करने की सोची। उसके खेत में काँटेदार सफेद गुलाब लगा था। वह हर दिन नियमित समय पर बैठता और उस पर प्यार से हाथ फिराता, स्नेह से दुलारता और मीठी–मीठी बातें करता, हे गुलाब! तू कितना प्यारा है, कितना कोमल है, कितना सुन्दर है, परन्तु तेरे ये काँटे मेरे हाथ में चुभते हैं तो बड़ी पीड़ा होती है। तू अपने काँटे निकाल दे और कंटकविहीन बन जा।"

लगातार तीन महीने तक वह इसी क्रम में कंटकविहीन होने का आग्रह करता रहा। चौथा महीना आरम्भ होते ही देखा कि गुलाब के काँटे स्वत: झड़ने लगे हैं। दो सप्ताह बीतते–बीतते पौधे के समस्त काँटे झड़ गए। अब गुलाब शूल रहित हो गया। इससे एलन को आश्चर्य हुआ और उसे अपने प्रयोग पर, विचार–सम्प्रेषण पर दृढ़ विश्वास भी हो गया। उसने फिर मिर्च पर एक प्रयोग किया। उसे बीजरहित बनाने का प्रयास किया तो मिर्च सचमुच बीज रहित हो गई और आकार में वह करीब 6 इंच की बन गई। इस प्रकार उसने टमाटर आदि सब्जियों पर भी प्रयोग किए और सबके परिणाम बड़े आश्चर्यजनक आए।

एलन ने अपने इन प्रयोगों पर एक पुस्तक लिखी—'मिरेकल्स ऑफ थॉट'। अपने प्रयोगों और उनके आश्चर्यजनक परिणामों की चर्चा करते हुए उसने लिखा है, "जब विचार उथले और बिखरे–बिखरे कमजोर होते हैं तो परिणाम आशानुरूप नहीं आते, परन्तु जब विचारों में गहराई, सच्चाई, दृढ़ता, प्यार और तन्मयता का पुट होता है तो परिणाम अप्रत्याशित आता है। भावना

और संकल्प के इस क्षेत्र में विफलता तभी मिलती है जब प्रयोगकर्ता के विचारों में अशक्तता रहती है, किन्तु इस सच्चाई पर सन्देह नहीं करना चाहिए, जो सौ टंच के सोने की भाँति साबित हो चुकी है।''

सकारात्मक या आशावादी विचारों में बड़ी विलक्षण शक्ति निहित होती है। आप थोड़ा अनुभव करके देखें। आप निश्चय सोच लीजिए कि जो कुछ होगा, आपके लिए अच्छा ही होगा तो आप देखेंगे कि आपके इन आशामय विचारों का आपकी प्रगति पर बड़ा अनुपम प्रभाव पड़ रहा है। जबकि जो लोग सोचते रहते हैं कि हाय, हम तो बड़े बदनसीब हैं, हमारा तो दुर्भाग्य आ गया है, हमने इतना परिश्रम किया किन्तु भाग्य ने हमारा साथ ही नहीं दिया। ऐसे लोगों को यह पता नहीं कि इस प्रकार के निराशावादी विचार उनके सुख और शक्ति के परम शत्रु हैं।

कहा जाता है कि बीमारी और दरिद्रता के कीटाणु सबसे पहले मनुष्य के मन में पैदा होते हैं। जो लोग विचारों से दरिद्र होते हैं, दीनता के शिकार होते हैं वे कभी सुख-समृद्धि के दर्शन नहीं पा सकते। करोड़पति बनकर भी मन से दरिद्र ही बने रहते हैं। धन के दरिद्र से मन के दरिद्र ज्यादा दुखी एवं दया के पात्र हैं। इसी प्रकार जो सदा भय व आशंकाओं से घिरे रहते हैं, वे कभी स्वस्थ जीवन का आनन्द नहीं ले सकते। रोगी मनुष्य भी यदि मन से अपने को निरोग समझता है तो वह विचारों के प्रभाव से शीघ्र ही रोगमुक्त हो सकता है। किन्तु स्वस्थ दिखनेवाला मनुष्य भी यदि मन से रोगी है, अपने को रोगी मानकर वहम करता रहता है—कभी भूख नहीं लगी, कभी कब्ज हो गया, कभी थकावट आ गई, कभी पसीना आने लगा तो वह सोचता है मैं बहुत बीमार हूँ, अमुक डॉक्टर के पास चलूँ, अमुक को दिखा लूँ। इस प्रकार रोग का वहम ही रोगी बना डालता है।

इसीलिए शुभ और सकारात्मक विचारों को मन का अतिथि मानकर उनका स्वागत करो, सत्कार करो, परन्तु अशुभ, निराशावादी, भयप्रधान विचारों को गली का भिखारी या कुत्ता समझकर उसे घर में प्रवेश मत करने दो। वहीं से ललकारकर भगा दो। विचारों को पवित्र व सशक्त रखने का यही कारगर उपाय है।

अपना कार्य सहज भाव से कर्तव्य मानकर करें

अपनी आजीविका के लिए या अन्य किसी कारणवश हम जो भी कार्य करें, उसे अपना कर्तव्य मानकर आनन्दपूर्वक सहज भाव से करें। ऐसा करने से कार्य बहुत हल्का हो जाता है, थकावट भी नहीं आती। साथ ही कार्य करते हुए सुख और आनन्द की अनुभूति होती है जो दीर्घ, सुखी और स्वस्थ जीवन की प्रतिभूति भी है।

इस सम्बन्ध में आपके सामने एक उदाहरण प्रस्तुत है—तीन नर्सें हैं। एक व्यक्ति उनसे उनके कार्य के सम्बन्ध में पूछता है। पहली नर्स कुढ़कर कहती है, ''मेरे भाग्य में तो लोगों का मल-मूत्र साफ करना ही लिखा है, वही कर रही हूँ।'' दूसरी नर्स सहज भाव से कहती है, ''नर्स का कार्य मेरा पेशा है। मैं यथाशक्ति अपना कार्य पूरी तत्परता और लगन से करती हूँ। यह कार्य करके अपने परिवार का पालन करती हूँ।'' तीसरी नर्स बहुत प्रसन्नतापूर्वक कहती है, ''मैं एक नर्स हूँ, मैं यथाशक्ति रोगियों के कष्टों को दूर करने और उन्हें आराम पहुँचाने का प्रयास करती हूँ। उन्हें रोगमुक्त और कष्टमुक्त देखकर मुझे बहुत प्रसन्नता होती है। हाँ, इस कार्य में मुझे जो पैसा मिलता है उससे मैं अपने परिवार का पालन करती हूँ।''

आप इन तीनों नर्सों के अपने-अपने काम के प्रति उनके नजरिए में आकाश-पाताल के अन्तर पाएँगे। तीनों ही नर्सें हैं। तीनों को एक जैसा ही कार्य करना पड़ता है। पहली अपना कार्य लाचारी से दुख मान करती है, दूसरी उसे अपनी आजीविका का साधन मान सन्तोषपूर्वक करती है। जबकि तीसरी वह कार्य बहुत प्रसन्नतापूर्वक कर्तव्य-भावना से करती है और उसे कार्य से सुख और आनन्द की अनुभूति होती है, साथ ही अपने कार्य से थकावट भी नहीं आती।

सबसे महत्त्वपूर्ण बात यह है कि हम कार्य को कैसे मन और किस भाव से करते हैं। बेमन से किया गया कार्य आदमी के लिए बोझ हो जाता है, वहीं उल्लसित मन से किया कार्य सुख का सेतु बन जाता है। इससे कोई फर्क नहीं

पड़ता कि कार्य छोटा है या बड़ा, फर्क इससे पड़ता है कि कार्य करनेवालों का मन छोटा है या बड़ा।

याद रखिए, किसी भी परिस्थिति में कोई भी काम बोझ समझकर मत कीजिए। इससे अधिक उत्साह तोड़नेवाली बात और कोई नहीं है। यदि परिस्थितियाँ आपको नापसन्द काम करने के लिए मजबूर करती हैं तो कोई बात नहीं, उसमें कोई मनोरंजक और दिलचस्प बात पाने के लिए अपने को मजबूर करें। जो कार्य करना जरूरी है, वह अवश्य दिलचस्पी से भरा हुआ हो।

जिस व्यक्ति ने अपनी सारी आत्मा को अपने काम में डालकर उसका बोझ हटाने का रहस्य नहीं सीखा, उसने सुख का पहला सिद्धान्त भी नहीं सीखा। मामूली काम में भी एक उत्साह की भावना लाकर उसे इतना ऊँचा उठा देना सर्वथा सम्भव है कि वह गौरवपूर्ण कार्य बन जाए। यही तो खूबसूरती से जीवन जीने की कला का एक अंश है।

आलोचनाओं से विचलित न हों

आलोचना प्रत्येक समाज का सार्वभौमिक तत्त्व है। हर समाज में हर प्रकार के आलोचक मिल जाएँगे। आदतन आलोचक, ईर्ष्यालु आलोचक और स्वस्थ आलोचक।

अगर आप रचनात्मक प्रवृत्ति के महत्त्वाकांक्षी व्यक्ति हैं, तो आदतन आलोचक अपनी आलोचना की आदत से मजबूर होकर आपको अपने निन्दा के जाल में फँसाने की कोशिश करेंगे ही। आदतन आलोचक किसी अच्छी पार्टी में बढ़िया इन्तजाम और स्वागत-सत्कार के बाद भी मीन मेख निकालने से नहीं चूकते।

आपने प्राचीन यूनानी कथाकार ईसप की कहानी जरूर पढ़ी होगी जिसमें एक पिता-पुत्र घोड़े का बच्चा खरीदकर लाते हैं। जब वे दोनों पैदल आ रहे थे तो रास्ते में मिलनेवाले लोगों ने कहा, ''देखो, कैसे मूर्ख हैं, घोड़ा होते हुए पैदल चल रहे हैं!''

यह सुनकर वे दोनों घोड़े की पीठ पर बैठ गए और अगले गाँव के पास से गुजरे। गाँव के लोगों ने उन दोनों को घोड़े पर बैठे देख हँसते हुए कहा, ''अहा, क्या खूब है, बेचारे घोड़े के बच्चे पर दो-दो आदमी बैठ गए हैं! इन्हें इस जानवर पर जरा भी दया नहीं आई!''

मजबूर होकर बाप घोड़े से उतर पड़ा और पैदल चलने लगा। बेटा घोड़े पर बैठा रहा। थोड़ी दूर चलने के बाद रास्ते में कुछ लोग फिर मिल गए। देखकर कहने लगे, ''देखो तो भाइयो, जवान बेटा घोड़े पर ठाट से बैठा हुआ है और बूढ़ा बाप बेचारा पैदल चल रहा है! ऐसे कपूत से भगवान बचाए!''

बेचारा लड़का शर्म से गड़ गया और नीचे उतर आया। अबकी बार पिता को घोड़े पर बिठा दिया। वे आगे चलकर एक शहर के पास पहुँचे, कुछ लोग इस दृश्य को देखकर फिर हँसने लगे, ''देखिए, ऐसे स्वार्थी बाप भी इस दुनिया में हैं। खुद महाशय अकड़कर घोड़े पर बैठे हुए हैं, बच्चे को पैदल दौड़ा रहे हैं! शर्म नहीं आती इन्हें!''

आप किसी का मुँह बन्द नहीं कर सकते। लोग आपकी हर बात पर टीका-टिप्पणी करेंगे। आप को बेईमान, धोखेबाज, स्वार्थी और बदमाश के रूप में ही प्रस्तुत करेंगे। मानव इतिहास में ऐसे किसी आदमी का जन्म इस धरती पर कभी नहीं हुआ जिसे निन्दा, उपहास और आलोचना का शिकार न बनना पड़ा हो।

कुछ लोग अपने अन्दर की हीन भावना से ग्रस्त होकर अपने से बीस (बेहतर) लोगों के प्रति ईर्ष्यालु होकर आलोचना करने लग जाते हैं। समाज में सम्मान, दौलत, सफलता, विद्वत्ता और प्रसिद्धि किसी भी क्षेत्र में आप सामान्य से थोड़ा ऊपर उठे नहीं कि ईर्ष्या की आग में सुलगते लोग आपके खिलाफ आलोचना का जहर उगलना शुरू कर देते हैं। आपने अगर किसी क्षेत्र विशेष में कोई अच्छा काम करने की क्षमता प्राप्त कर ली है तो अनजान लोग तो आपकी प्रशंसा करेंगे पर आपको जाननेवाले और थोड़े करीबी ईर्ष्यालु आलोचक आपके काम को तरह-तरह से धिक्कारना शुरू कर देते हैं।

आपको इस तरह की आलोचनाओं से विचलित नहीं होना चाहिए, क्योंकि आपकी आलोचना ये साबित करती है कि आप सामान्य से कुछ ऊपर हैं, बेहतर हैं। याद रखिए, मरे हुए घोड़े को कोई चाबुक नहीं मारता। यदि आप किसी अलग रास्ते पर चल रहे हैं मगर सही हैं तो शुरुआत में आलोचना, फिर विरोध और अन्त में सहमति भी मिल जाती है। कुछ आलोचक स्वस्थ समीक्षात्मक आलोचक भी होते हैं जो सही मायनों में आपके हितैषी होते हैं। आलोचना में अगर कहीं थोड़ी-सी सच्चाई दिखाई दे तो आपको उसे दिल से स्वीकार करके सुधार करने का प्रयास करना चाहिए। इस रूप में आलोचक और उनकी आलोचनाएँ आपके व्यक्तित्व के विकास में सहायक ही सिद्ध होंगी।

आलोचना किसी भी कारण से की गई हो, आपको अपनी सहिष्णुता और विचारशीलता का परिचय देना चाहिए, क्योंकि आलोचना के प्रति असहिष्णुता इस बात का सबूत है कि हमारा व्यक्तित्व अभी परिपक्व नहीं हो पाया है और हमारी मानसिकता अभी तक कहीं न कहीं अभिमान से ग्रस्त है। बहुत से लोग अपनी बुराई सुनकर या अपने विचारों का खंडन होते देखकर बेकाबू होकर आगबबूला हो जाते हैं। विचारों की भिन्नता को वे अपनी विद्वत्ता पर आघात समझ लेते हैं और दूसरे के दृष्टिकोण को समझ लेने का प्रयास ही नहीं करते। दरअसल ऐसे लोगों की प्रतिक्रिया भावनात्मक होती है, तार्किक नहीं। आलोचना हमें भावनात्मक चोट इसलिए पहुँचाती है, क्योंकि वह हमें हीन और निकम्मा साबित कर देती है। हीन भाव से ग्रस्त व्यक्ति थोड़ी सी आलोचना से ही टूट जाते हैं और असहिष्णु प्रतिक्रिया करते हैं।

हर व्यक्ति आलोचना को नापसन्द करता है। आलोचना से निपटने का तरीका है—आलोचना की उम्मीद करना। इसे प्रशंसा की तरह स्वीकार करें। याद रखें, अमेरिका में जिस आदमी की सबसे अधिक आलोचना होती है, वह कोई आतंकवादी, डाकू, चोर या जन शत्रु नहीं है। वहाँ जिस व्यक्ति की सबसे अधिक आलोचना होती है, वह राष्ट्रपति होता है। न केवल कुछ पत्रकार राष्ट्रपति की कही हर बात की आलोचना करते हैं बल्कि अज्ञानी और निकम्मे लोग भी जमकर उनकी आलोचना करते हैं, क्योंकि वह उन्हें कुछ नहीं के बदले में कुछ क्यों नहीं देते।

सच्चाई तो यह है किसी भी रूप में हुई आलोचना को अगर आप विचारशील हृदय से स्वीकार करते हैं तो वो आपको फायदा ही पहुँचाती है। ईर्ष्यालु और आदतन आलोचना आपको उनसे बीस साबित करती है और स्वस्थ आलोचना आपका मार्गदर्शन करती है, आपकी कमियों से परिचित कराकर उन्हें दूर करने में सहायता करती है और असफलता को सफलता में बदलने में मदद करती है। इसलिए बदनीयती से की गई निन्दा, टीका-टिप्पणी और बदनामी को सुनी-अनसुनी कर दें, क्योंकि सफलता की दौड़ में पिछड़े हुए लोग ईर्ष्यावश कामयाब आदमी पर कीचड़ उछालते रहते हैं। ऐसे आक्षेपों से एक क्षण के लिए भी अपनी शान्ति भंग न होने दें, और स्वस्थ आलोचना की कद्र करें, उससे कुछ सीखें। शायद आपको अपने मार्गदर्शन के लिए कुछ उपयोगी सुझाव किसी आलोचनात्मक टिप्पणी में ही बिखरे मिल जाएँ।

अन्त में बर्ट्रेंड रसेल के इस कथन को आत्मसात् कीजिए, ''कोई भी व्यक्ति प्रशंसक तो पैसों से खरीद सकता है, पर आलोचक अर्जित करने के लिए व्यक्ति में जबर्दस्त योग्यता होनी चाहिए।''

आपको दिल से आलोचकों को धन्यवाद ही देना चाहिए।

शब्द शक्ति को पहचानें

"शब्द वह पक्षी है जो कि एक बार उड़ जाने के बाद पुनः पिंजरे में आ नहीं सकता। जैसे वृक्ष से गिरा हुआ पत्ता सदा के लिए अलग हो जाता है, इसी प्रकार मुख से निकले शब्द सदा के लिए अलग हो जाते हैं, उन्हें वापस नहीं लौटाया जा सकता।"

शब्दों का जीवन में बड़ा महत्त्व है। सारे शास्त्र और वैज्ञानिक इस सम्बन्ध में एक मत हैं कि जो हम बोलते हैं, वह सम्पूर्ण वातावरण को प्रभावित करता है, जिससे हमारे चारों ओर सकारात्मक या नकारात्मक वातावरण का क्षेत्र विकसित होता है। इस सम्बन्ध में मार्क ट्वेन ने कहा है, "सही शब्द एक शक्तिशाली सन्देशवाहक है, यह शारीरिक क्षमता बढ़ा सकता है, बिजली-सी तेजी से मानसिकता को प्रभावित करता है। चुने हुए शब्द दुनिया बदल सकते हैं, हमें हँसा सकते हैं, रुला सकते हैं, उत्साह से भर सकते हैं।

शब्दों में संसार समाया है, शब्द शक्ति अपने आपमें सामर्थ्यवान शक्ति है। हमारे द्वारा बोले गए शब्द तरकश से तीर की तरह लक्ष्य भेद सकते हैं। शब्दों की शक्ति को स्पष्ट करती है एक दिलचस्प घटना :

स्वामी विवेकानन्द अमेरिका में विद्वानों की एक सभा में मंत्र की शक्ति के बारे में प्रवचन कर रहे थे। उन्होंने जैसे ही मंत्रों के द्वारा घटित होनेवाले परिवर्तनों के बारे में बताना शुरू किया कि एक मशहूर विद्वान उठ खड़ा हुआ एवं स्वामीजी की बात का प्रतिवाद करने लगा, "स्वामीजी, आप हमें मूर्ख बना रहे हैं। शब्दों के संयोजन से ही मंत्र बनते हैं और शब्दों से बड़े परिवर्तन तो दूर की बात है, पेड़ का एक पत्ता भी नहीं हिल सकता है।"

यह सुनकर विवेकानन्द ने उस व्यक्ति को डाँटते हुए कहा, "तुम तो गधे हो!" यह कहना था कि वह विद्वान व्यक्ति गुस्से में उबल पड़ा, उसकी आँखें लाल हो गईं व गुस्से के कारण काँपने लग गया। विवेकानन्द ने मन्द-मन्द मुस्कुराते हुए कहा, "क्यों महाशय! क्या हुआ? मैंने तो आपको केवल 'गधा' कहा था। केवल एक साधारण शब्द से आपमें इतना परिवर्तन कैसे घटित हो

गया! आप काँप क्यों रहे हैं? जब साधारण शब्द के उच्चारण से आपमें इतना परिवर्तन हो गया फिर मंत्र तो शब्दों के शक्तिशाली संयोजन होते हैं, उनसे कुछ भी घटित हो सकता है। अब समझ में आया!''

यह भी एक यथार्थ है कि कही हुई अप्रिय बात की चोट बहुत गहरी और स्थायी होती है। हम जानते हैं कि दुर्योधन के प्रति उच्चारित द्रोपदी की यह अप्रिय वाणी कि 'अन्धे का पुत्र अन्धा ही होता है' दुर्योधन के कान तक पहुँची, तो इसे उसने अपना अपमान समझा और प्रतिशोध की आग में उसका शरीर जलने लगा, नतीजा हुआ विध्वंस और विनाशकारी महाभारत। इसीलिए कहा गया है :

शब्द सँभाले बोलिए शब्द के हाथ न पाँव,
एक शब्द औषधि करे, एक शब्द करे घाव।

प्रचलित एक लोककथा इस कथ्य को बहुत दिलचस्प तरीके से पेश करती है। बहुत समय पहले की बात है। एक जंगल में एक शेर रहता था। एक बार उसके पाँव में काँटा चुभ गया। वह दर्द से कराहने लगा। तभी उधर से एक लकड़हारा गुजरा। शेर ने उससे काँटा निकालने की प्रार्थना की। लकड़हारे को उस पर दया आ गई। उसने काँटा निकाल दिया। शेर को दर्द से निजात मिल गई।

शेर था अहसान माननेवाला। उसने लकड़हारे से कहा—मैं तुम्हारी मदद करना चाहता हूँ। तुम रोज मेरी पीठ पर लकड़ी का गट्ठर लाद दिया करो, मैं गट्ठर तुम्हारे घर तक पहुँचा आया करूँगा। जंगल से वह लकड़ी का गट्ठर ले जाने लगा। लकड़हारा लकड़ी काटकर गट्ठर शेर की पीठ पर कस देता। वह उसे उसके घर डाल आता। एक दिन शेर बीमार था। वह अपेक्षाकृत धीरे चल रहा था। उस दिन लकड़हारे को भी घर पहुँचने की जल्दी थी। वह शेर से बोला— टेगड़े (कुत्ते) जल्दी-जल्दी चल। चींटी की चाल क्या चलता है! सुनकर शेर तिलमिला उठा। उसे अपने लिए प्रयुक्त शब्द टेगड़ा बहुत बुरा लगा किन्तु खून का घूँट पीकर रह गया। वह रातभर छटपटाता रहा।

दूसरे दिन सुबह नियत समय पर लकड़हारे ने शेर को पुकारा। वह झट उसके पास पहुँचा। उसने लकड़हारे से गुर्राकर कहा—सबसे पहले तू मेरी पीठ पर कुल्हाड़ी का भरपूर वार कर। पहले तो लकड़हारा डरा। लेकिन शेर के डर से उसे उसकी पीठ पर वार करना पड़ा।

शेर दर्द से तिलमिला उठा। थोड़ी देर बाद उसने रोज की तरह पीठ पर गट्ठर कसवाया और लकड़हारे के घर पटक गया।

कुछ दिनों बाद कुल्हाड़ी का घाव भर गया। तब एक दिन शेर ने कहा—देख तेरी कुल्हाड़ी का घाव तो पूरी तरह भर गया है। किन्तु उस दिन तूने मुझे

टेगड़ा कहा था, उस टेगड़ा शब्द का घाव अभी तक नहीं भरा। दर्द बढ़ता ही जा रहा है। तूने मेरे पाँव से काँटा निकाला था, इसलिए तुझे माफ करता हूँ। लेकिन आज के बाद इस जंगल में नज़र आया तो तेरी बोटी-बोटी नोच डालूँगा।

ऐसा होता है कटुवचन या कटु शब्दों का घाव। इसीलिए हमारे सन्त तुलसीदास मीठे वचन बोलने की हिदायत देते कहते हैं :

तुलसी मीठे वचन से सुख उपजत चहुँ ओर।
वशीकरण यह मंत्र है तज दे वचन कठोर।।

अभिव्यक्ति की अमूल्य शब्द सम्पदा का प्रयोग स्वयं को प्रसन्न, शान्त, संयमित रख दूसरों को प्रसन्नता, प्रेम, कृतज्ञता ज्ञापित करने के लिए किया जाए तो निश्चय ही मानव समाज के तनावयुक्त वातावरण में सकारात्मक ऊर्जा का आविर्भाव होगा।

पूर्वग्रह के चश्मे को उतार फेंकिए

पूर्वग्रह का अर्थ होता है, किसी भी व्यक्ति, विचारधारा या समुदाय के प्रति तथ्यों को जाने बिना पहले से ही धारणा बना लेना—पक्ष या विरोध में। यह पूर्वग्रह सामने वाले के साथ-साथ हमारे लिए भी घातक होता है, क्योंकि इससे सच्चाई कभी सामने नहीं आ पाती और पूर्वग्रह से ग्रस्त व्यक्ति असुरक्षा और हीनता का शिकार होकर भयग्रस्त और आक्रामक हो जाता है।

पूर्वग्रह एक प्रकार से रंगीन चश्मे की तरह है जिसे पहन लेने पर वस्तु का असली रंग नहीं दिखाई देगा बल्कि वही रंग दिखेगा, जिस रंग का चश्मा है। साफ-साफ देखने के लिए इसे उतारना जरूरी है।

किसी व्यक्ति के प्रति पहले से ही विरोध या सहमति का भाव रख लेने से कितने ही तर्क करने पर उसका सही मूल्यांकन नहीं हो पाता। जैसे अगर किसी सास ने पहले से पूर्वग्रह बना रखा है कि बहुएँ बुरी होती हैं और सास का भला नहीं कर सकतीं तो अगर उसकी बहू सचमुच अच्छी हो और उसके प्रति अच्छा व्यवहार भी करना चाह रही हो, तब भी पूर्वग्रह का चश्मा उसे बताएगा कि यह सब केवल दिखावा है और शायद कोई साजिश है उसके खिलाफ। इसीलिए पूर्वग्रह को दुराग्रह की पहली सीढ़ी कहा जाता है।

पूर्वग्रह बुद्धि और तर्कशीलता पर पर्दा गिरा देते हैं। धार्मिक और जातिगत पूर्वग्रह में पड़कर व्यक्ति खुद के धर्म और जाति को किसी दूसरे के धर्म और जाति से हमेशा श्रेष्ठ समझता है—धर्म के मर्म को समझे बिना। इसी तरह रंग, नस्ल, राष्ट्रीयता और राजनीतिक विचारधारा से जुड़े पूर्वग्रहों ने न जाने कितने मार-काट और युद्ध करवाए हैं। इसलिए बेहतर यही होगा कि हम इस पूर्वग्रह के चश्मे को उतारें और सच्चाई को साफ-साफ देखें।

पूर्वग्रह सिर्फ सामने वाले के लिए ही नहीं होता, बल्कि यह खुद अपने बारे में भी होता है। प्राय: असहिष्णु और जिद्दी किस्म के लोग ही इसका शिकार होते हैं। वे अपनी धारणाओं के औचित्य पर बड़े कट्टर होते हैं और किसी भी प्रकार का मतभेद बर्दाश्त नहीं करते। भिन्न मान्यता रखनेवाले उन्हें

दुश्मन लगते हैं। यहीं से झगड़े की शुरुआत होती है। इससे मुक्ति प्राप्त करना जरूरी है।

पूर्वग्रह से मुक्ति पाना इतना भी सरल नहीं है। मनोवैज्ञानिक विकृतियाँ छाया के समान होती हैं, जिनसे मुक्ति पाना कठिन कार्य है। पूर्वग्रहों से छुटकारा पाने के लिए पहले तो इस बात को समझना जरूरी है कि किसी भी व्यक्ति, विचारधारा या समुदाय के लिए पहले से ही धारणा बना लेना एक गलत निर्णय प्रक्रिया है। अंधा प्रेम और कट्टर घृणा दोनों ही घातक हैं। अगर हम बिना सोचे-समझे धारणा बनाने के आदी हैं, तो इसे स्वीकार कर लेना चाहिए।

लोगों के बारे में अपना दृष्टिकोण बनाने में कभी जल्दबाजी न करें। किसी के आचरण को देखकर तुरन्त फैसला न करें, उसके पीछे के कारण को समझने का प्रयास करें। हो सकता है, किसी अन्य समय, स्थान और परिस्थिति में उसी व्यक्ति का व्यवहार कुछ भिन्न प्रकार का हो। जिन लोगों के प्रति आपके मन में विरोध का भाव है, उनके दृष्टिकोण और समस्याओं को नजदीक से जानने का प्रयास कीजिए। हो सकता है उनके व्यवहार के पीछे का कारण जान लेने के बाद आपके मन में उनके लिए विरोध न रहे, बल्कि सहानुभूति का भाव जाग्रत् हो जाए। इसी तरह आप अपने दृष्टिकोण और धारणाओं को दूसरों पर थोपने का प्रयास करने की बजाय सामने वाले को समझाने का प्रयास करें। पूर्वग्रह का कोहरा हटते ही सब कुछ साफ-साफ दिखाई देने लगेगा।

एक बोध कथा है कि एक चींटी कहीं जा रही थी। रास्ते में उसे दूसरी चींटी मिली। दूसरी चींटी ने पहली से कुशल-क्षेम पूछी। पहली कुछ उदास थी। उसने दूसरी चींटी से कहा—बहन, और सब तो ठीक है, परन्तु मुँह खारा बना रहता है। दूसरी चींटी ने अपना तर्क दिया—तुम नमक के पर्वत पर रहती हो, फिर मुँह खारा क्यों नहीं होगा ? आ जाओ मेरे पास, मैं मिश्री के पहाड़ पर रहती हूँ। वहाँ तुम्हारा मुँह हमेशा मीठा ही रहेगा। पहली चीटी दूसरी चींटी के साथ चल पड़ी, परन्तु मिश्री के पहाड़ पर पहुँचकर भी उसका मुँह मीठा नहीं हुआ। मुँह में नमक की डली तो रखकर नहीं लाई हो ? मिश्री के पहाड़ पर रहनेवाली चींटी ने पूछा। वह तो है, नमक के पहाड़ पर रहनेवाली चींटी ने कहा। बहन नमक को छोड़े बिना मुँह मीठा कैसे होगा ? मिश्री के पहाड़ पर रहनेवाली चींटी ने कहा। सच ही है पूर्वग्रहों से मुक्त हुए बिना कोई भी प्राणी सत्य को नहीं पा सकता है।

प्रार्थनाएँ सुनी जाती हैं

विज्ञान और वैज्ञानिकों के लगातार इनकार और उपेक्षा के बावजूद आम लोग हमेशा से प्रार्थनाओं और पराशक्तियों पर विश्वास करते रहे हैं। किसी गम्भीर बीमार व्यक्तियों का अच्छे-से-अच्छे अस्पताल में बेहतरीन-से-बेहतरीन इलाज चल रहा हो, तब भी प्रार्थनाओं को उसके बराबर या उससे भी ज्यादा जरूरी समझा जाता रहा है। तथाकथित तर्कवादी चाहे प्रार्थना की शक्ति को नकारते रहे हों पर ऐसे कई दर्जन किस्से हैं, जब डॉक्टरों ने जवाब दे दिया हो, उसके बावजूद प्रार्थना की शक्ति उन्हें मौत के मुँह से वापस ले आई।

मगर अब तर्कवादी विज्ञान भी इस बात को मानने के लिए मजबूर हो गया है कि प्रार्थनाएँ सचमुच सुनी जाती हैं और ऐसी प्रार्थनाएँ तो खासतौर पर, जो पात्र के पास रहकर की जाती हैं। इस बात को अमेरिका के इंडियाना यूनिवर्सिटी के एक शोध सर्वेक्षण में साबित किया गया है, प्रोफेसर कैंडी गुंथर ब्राउन की देखरेख में डॉक्टरों की एक टीम के साथ यह शोध मोजम्बिक के सुदूर ग्रामीण क्षेत्र में सम्पन्न हुआ। इस शोध के दौरान पाया गया कि उन मरीजों के मुकाबले, जिनके लिए प्रार्थनाएँ नहीं की गईं, उन मरीजों के लिए दवाएँ ज्यादा कारगार साबित हुईं, जिनके लिए प्रार्थनाएँ की गईं।

एक नए शोध में विस्कोसिन मेडिसन विश्वविद्यालय के शोधकर्ताओं ने दावा किया है कि जो लोग जीवन के कठिन दौर में प्रार्थना का रास्ता चुनते हैं, वे अपनी भावनाओं और परेशानियों का मुकाबला आसानी से कर लेते हैं। अमेरिका में 75 प्रतिशत लोग ऐसे हैं जो बीमारी, दुख, सदमे के कारण होनेवाले नकारात्मक प्रभाव से बचने के लिए सप्ताह में एक बार प्रार्थना करते हैं।

विज्ञान ने अब जाकर इस बात को माना है, पर जब विज्ञान की नजर में यह सब मजाक में उड़ानेवाली थी, तब भी गहरी आस्था को डिगाना मुमकिन नहीं था। भारत जैसे प्राचीन और परम्परागत समाजों में प्रार्थनाएँ निजी विश्वास के बल पर मेडिकल साइंस से हमेशा ऊपर मानी जाती रहीं। प्रार्थनाएँ आत्मबल

हृदय की सच्ची प्रार्थना से हमें सच्चे कर्तव्य का पता चलता है। आखिर में तो कर्तव्य करना ही प्रार्थना बन जाता है।

—महात्मा गांधी

देनेवाला हीलिंग टच हैं। वैज्ञानिकों ने पाया है कि मृत्यु की ओर ले जानेवाला कोशिका विखंडन प्रार्थना के दौरान उत्सर्जित रसायन रोक देता है और मरीज ठीक होने लगता है। सामूहिक प्रार्थना करनेवाले घरों में झगड़े भी कम होते हैं।

प्रार्थना से व्यक्ति का आत्मबल भी बढ़ता है। जब व्यक्ति प्रार्थना कर रहा होता है तो उसकी आस्था की डोर उसके आराध्य से जुड़ी होती है। जब वह अपनी ओर से ईश्वर के पास प्रार्थना के अच्छे शब्दों को भेजता है तो वही शब्द वापस आकर उसका कल्याण करते हैं। यह तो परम सत्य है और वैज्ञानिक भी इस बात को सिद्ध कर चुके हैं कि शब्द ही ब्रह्म है और शब्द कभी नष्ट नहीं होते।

गांधीजी भी मानते थे कि जिस काम का प्रारम्भ प्रार्थना से किया जाए, वह अवश्य सफल होता है। जब हम प्रार्थना करते हैं तो खुद दुनिया को चलानेवाली सर्वोच्च शक्ति से जुड़ जाते हैं। प्रार्थना सिर्फ माँगना भर नहीं है। यह आत्मा की पुकार है, मन की खोज है। कबीरदास जी ने कहा है :

दुख में सुमिरन सब करे, सुख में करे न कोय।
जो सुख में सुमिरन करे, तो दुख काहे को होय।।

अर्थात् अगर प्रार्थना पर स्वार्थ का आवरण चढ़ा रहा तो दुख होगा और सबके सुख की प्रार्थना हमेशा स्वीकृत होगी। शुद्ध हृदय से की गई प्रार्थना विपत्तियों को हटाती है। प्रार्थना दुखों को सहनीय बनाती है। मन को सकारात्मक ऊर्जा देती है।

प्रार्थना केवल करनेवाले पर ही प्रभाव नहीं डालती, बल्कि पूरे वातावरण को प्रभावित करती है। हमारी प्रार्थना 'सर्वजन हिताय' होनी चाहिए। बारूद पर बैठे विश्व को संघर्ष से बचाने का यह एक सर्वोत्तम तरीका है।

खुद को बचाइए ईर्ष्या की अग्नि से

खुद को बचाइए ईर्ष्या की अग्नि से—ईर्ष्या मनुष्य का वह शत्रु है, जो हीनता-बोध के कारण जन्म लेता है। किसी के सुख-वैभव को देखकर जलना और खुद को उससे कमतर समझकर दुखी रहना यही ईर्ष्या है। ईर्ष्या हीनता-बोध को समाप्त नहीं करती बल्कि कुछ अंशों तक दबा देती है। ईर्ष्या करनेवाला मनुष्य अपनी सारी ऊर्जा, शक्ति और समय दूसरे का बुरा सोचने और करने में गँवा देता है। ईर्ष्यालु व्यक्ति खुद ही अपनी ईर्ष्या की आग में जलता रहता है। वह अपनी सम्पत्ति, जिसे वह खुद की प्रगति के लिए इस्तेमाल कर सकता था, दूसरे का बुरा करने में नष्ट कर देता है। ईर्ष्यालु कभी किसी का भला नहीं करता पर साथ ही सबसे ज्यादा नुकसान वह अपने आपका कर लेता है। दुनिया में अधिकांश लोग खुद की समस्याओं की बजाय दूसरों के सुख से ही ज्यादा दुखी रहते हैं। दूसरों की उपलब्धियों से अपनी उपलब्धियों की तुलना करते रहने से ही मनुष्य में असन्तोष पैदा हो जाता है। हीनभाव की पीड़ा के साथ दूसरे के प्रति द्वेषभाव और आक्रोश मिल जाने से व्यक्ति ईर्ष्याग्नि में झुलसने लगता है। घृणा और ईर्ष्या मनुष्य को कभी चैन नहीं लेने देते। ईर्ष्या भाव हमेशा अपने समकक्ष लोगों से ही होता है, किसी निम्न श्रेणी के व्यक्ति को उच्च श्रेणी के व्यक्ति से ईर्ष्या नहीं होगी। ईर्ष्या बन्धु-बान्धवों, रिश्तेदारों, सहपाठियों, सहकर्मियों और मित्रों से ही होती है। सबसे कठिन स्थिति तब होती है जब ऐसा व्यक्ति आपका जीवनसाथी हो, क्योंकि उनसे किनारा भी नहीं किया जा सकता, मगर दाम्पत्य के सम्बन्धों में खटास जरूर आ जाती है। ईर्ष्या अच्छे से अच्छे दोस्तों में भी दूरियाँ पैदा कर देती है और रिश्तों के ताने-बाने को उधेड़कर रख देती है। अच्छा यही होगा कि अपने अन्दर की ईर्ष्या को अपने से दूर ही रखने का प्रयत्न किया जाए, उसी से खुशहाल जीवन का मार्ग प्रशस्त होगा। दूसरों की उपलब्धियों को देखकर निराश होने और ईर्ष्या की आग में झुलसने के स्थान पर धैर्य व सन्तोष की भावना से अपने जीवन को सुखी बनाने का प्रयत्न करना चाहिए। इससे आप बेबात के तनाव और उससे होनेवाली बीमारियों से बच जाएँगे।

ईर्ष्या की आग को एक सकारात्मक तरीके से भी उपयोग में लाया जा सकता है। अगर आपका कोई करीबी व्यक्ति आपसे किसी भी क्षेत्र में बेहतर है, तो उससे होनेवाली ईर्ष्या को आप प्रोत्साहन के रूप में लें और उससे बेहतर कर गुजरने की जी-तोड़ कोशिश और मेहनत करें। इससे आपकी ईर्ष्या नकारात्मक ऊर्जा में परिवर्तित नहीं होगी, आप प्रगति करेंगे। किसी की खींची लकीर को छोटा करने के लिए उसे मिटाने से कही बेहतर है कि आप उससे भी बड़ी लकीर खींच दें। ईर्ष्या ईर्ष्या से नहीं मिटती, आग से आग कभी नहीं बुझती। त्याग, उदारता और प्रेम की शक्ति से ही ईर्ष्या को मिटाया जा सकता है।

प्रेमी व्यक्ति सारी दुनिया में शुभ ही शुभ देखता है और ईर्ष्यालु को संसार अशुभ नजर आता है। ईर्ष्या की आग जितना नुकसान सामने वाले को पहुँचाती है, उससे कहीं ज्यादा वह ईर्ष्या करनेवाले को पहुँचाती है। इसलिए सुखी जीवन जीने के लिए आप इस आग से स्वयं को बचाइए और सारी ऊर्जा, समय, शक्ति और पैसा स्वयं के विकास और प्रगति में लगाइए। यही ईर्ष्या की आग बुझाने का सर्वश्रेष्ठ उपाय है। जीवन की सफलता का मूलमंत्र है—उद्यम और आशा। अपनी उन्नति के लिए सदैव उद्यमरत रहें और इस विचार के साथ आशावान बने रहें कि हम अवश्य सफल होंगे। जो उपलब्धि अन्य व्यक्ति प्राप्त कर सकता है, वह मैं भी प्राप्त कर सकता हूँ।

ईर्ष्यालु नहीं प्रतिस्पर्धी बनें। विशेषज्ञों का मत है कि ईर्ष्यालु व्यक्ति मानसिक रोगों का शिकार हो जाता है। परनिन्दा, दोषारोपण, ताने मारना इन सब कुप्रवृत्तियों का वो आदी हो जाता है। इस भावना के ठीक विपरीत सफल व्यक्तियों को देखकर हमारे मन में उन जैसा बनने की प्रेरणा उत्पन्न होना स्वस्थ प्रतिस्पर्धा का लक्षण है। यह भावना हमारे मन में सकारात्मक सोच और सृजनशील व्यक्तित्व को जन्म देती है। दूसरों का अहित सोचने के स्थान पर हम अपनी उन्नति के तरीके तलाशने लगते हैं, अपनी गलतियों पर गौर करके उन्हें दूर करने का प्रयत्न करते हैं और गुणों का विकास करने लगते हैं।

जब हम दूसरे सफल लोगों के साथ खुद की तुलना करें, तब हमारी दृष्टि उनके गुणों और अच्छाइयों पर केन्द्रित होनी चाहिए। हमें गुणग्राहक बनकर खुले मन से उनकी प्रशंसा करनी चाहिए। ऐसा करने पर हमारा मन बड़ा हो जाएगा और दूसरे लोगों के अधिक से अधिक गुण ग्रहण कर पाएगा।

प्रतिस्पर्धी के मुख से आत्मविश्वास एवं प्रसन्नता फूलों की महक की तरह चारों और बिखरती रहती है। ईर्ष्या के स्थान पर स्वस्थ प्रतिस्पर्धा की भावना विकसित कर लेने से हमारा जीवन सुखमय और सन्तोषपूर्ण हो जाएगा।

मुखौटों को उतार फेंकिए

आज आदमी पल-पल पर अपनी बात बदल देता है। अभी कुछ कहता है और अगले पल और कुछ कहने लगता है। 'हाथी के दाँत दिखाने के और खाने के और' वाली कहावत तो हम अच्छी तरह जानते हैं लेकिन यहाँ तो कई तरह के दाँत नज़र आते हैं। किसके सामने और किस तरह के दाँत दिखाना है, यह आज का व्यक्ति अच्छी तरह समझ चुका है। तरह-तरह के मुखौटे लगानेवाले इस व्यक्ति को समझना बड़ा कठिन कार्य हो गया है। व्यक्ति को ऐसी स्थिति में देखकर प्रसिद्ध शायर निदा फाजली को कहना पड़ा :

हर आदमी में होते हैं दस-बीस आदमी,
जिसको भी देखना हो कई बार देखना।

आदम युग में आदमी अनपढ़ और असभ्य था लेकिन उसे समझना आसान था। उसका चरित्र, व्यवहार सीधा-सादा और सरल था। उसके बारे में कुछ कहना आसान था लेकिन आज आदमी पूरी तरह बदल गया है। उसके बारे में कुछ नहीं कह सकते। उसे जानना टेढ़ी खीर है। यह सब देखकर किसी ने कहा है :

धूल इतनी जम गई चेहरे नजर आते नहीं,
आइने भी अब हमारे अक्स दिखलाते नहीं।

आज अधिकतर लोगों के पास एक से एक अच्छे विचार हैं किन्तु गिनती के लोग ही उन्हें कार्यरूप में परिणत कर पाते हैं। आज का व्यक्ति बड़ी सरलता से बगैर संकोच के सिद्धान्तों की बड़ी-बड़ी बात कर लेता है पर जब कुछ करने का मौका मिलता है तो वह केवल स्वार्थ की रेलगाड़ी में सफर करता दिखाई देता है। ऐसे व्यक्तियों के बारे में सन्त दादू दयाल बहुत पहले कह चुके हैं :

दादू कथनी और कछु, करनी करै कछु और।
जिनसे मेरा जिया जरे जिनके ठीक न ठौर।।

यही नहीं, आज आदमी झूठ का लबादा और दिखावे की चादर ओढ़कर

स्वयं को सर्वोत्तम और सही साबित करने के लिए प्रयत्नशील रहता है। वह इस बनावटीपन को एक नाम देता है—**'रिश्ता'**। कभी वह सच्चा हमदर्द बन जाता है तो कभी सच्चा दोस्त, कभी बेहद समझदार पति, पिता, शिक्षक या अन्य कोई। ऐसा करके वह अपनी अहमियत, असलियत और शख्सियत सब कुछ खो देता है और अन्त में वही बनावटीपन, वह मुखौटा दुख, परेशानी और चिन्ता का कारण बन जाता है, जबकि सरलता, सहजता, सज्जनता और सादगी कितने सामान्य गुण हैं जो जीवन को सुखमय बनाने में महत्त्वपूर्ण योगदान करते हैं।

मुस्कुराहट के अन्तर्राष्ट्रीय बाजार में भारत

अरे बेमोल है मुस्कान का उपहार दुनिया में,
न इसके ख़र्च में किफ़ायत कीजिए साहब।

ईश्वर–प्रदत्त सभी शारीरिक भंगिमाओं में श्रेष्ठ है मुस्कान। कहा जाता है कि मुस्कान प्रेम की भाषा है। मुस्कुराता चेहरा सबको अच्छा लगता है। रोते हुए चेहरे को कोई पसन्द नहीं करता।

मुस्कुराहट सारे वातावरण में नई चमक ला देती है। चार व्यक्ति गुमसुम बैठे हैं, किसी के मुख पर मुस्कुराहट नहीं है। क्या रस आएगा उनके मिलने में? पर एक व्यक्ति आता है वह स्वयं मुस्कुराता है और मधुर मुस्कान के साथ एक बात ऐसी छेड़ देता है कि सारा वातावरण बदल जाता है। सुस्ती और उदासी के स्थान पर हास्य और विनोद के फुहारे छूट पड़ते हैं। अब आप ही बताइए आप किससे मिलना पसन्द करेंगे। दुनिया भर की चिन्ता और उदासी में घिरकर मुर्दाना चेहरा लिये जो बैठा है उससे मिलने पर क्या मिलेगा? किसी ने ठीक ही कहा है :

उदासी जिन चेहरों का श्रृंगार करती है,
उन पर बैठने से मक्खियाँ भी इनकार करती हैं।

मुस्कुराहट जीवन की अमूल्य निधि है। यद्यपि यह खरीदी नहीं जा सकती है, न उधार दी जा सकती है और न चुराई ही जा सकती है क्योंकि जब तक यह दी नहीं जाती तब तक किसी के कुछ काम की भी नहीं होती है। फिर भी यह न भूलें कि यह दे देने से समाप्त हो जाएगी। यह आपके अपने अधिकार की वस्तु है। जब चाहें तब दे सकते हैं फिर इसे देने के लिए कंजूस क्यों बनते हो? यदि कुदरत ने सौन्दर्य कम दिया है तो मिलनेवालों से मुस्कुराकर बातें करना सीख जाइए। मुस्कान सौन्दर्य की कमी को पूरा ही नहीं कर देगी अपितु नया सौन्दर्य पैदा कर देगी।

जेकुक नामक एक अमेरिकन धनपति से उनकी सफलता का राज पूछा

गया तो वे बोले—मेरी सफलता का एक ही रहस्य है, वह है—मेरी मुस्कुराहट। मैं हर हालत में मुस्कुराता रहता हूँ। यह नहीं कि मेरे जीवन में मुसीबत कभी न आई हो। भला वह भी कोई ज़िन्दगी है जिसमें एक बार भी मुसीबत न आई हो! मुसीबत मेरे पास भी आई, उसने मुझे खाली कर दिया। मेरी करोड़ों की सम्पत्ति समाप्त हो गई। मेरा व्यापार चौपट हो गया, मुसीबत ने मेरा सब कुछ छीन लिया किन्तु वह मेरे मन की प्रसन्नता और मुख की मुस्कान न छीन सकी। इसीलिए उसे मेरे सामने पराजित होना पड़ा और मेरी सम्पत्ति भी लौट आई।

वास्तव में मुस्कुराहट वह चीज है जो आपसे लेती कुछ नहीं है पर देती बहुत कुछ है। इसके लिए एक नया पैसा भी खर्च करने की आवश्यकता नहीं होती है किन्तु यह पैदा बहुत करती है। इसे पानेवाले निहाल हो जाते हैं पर इसे देनेवाले कभी दरिद्र नहीं होते। यह एक क्षण में उत्पन्न होती है, पर इसकी स्मृति सदैव कायम रह जाती है। आपके घर कोई अतिथि आया और आपने मधुर मुस्कान के साथ उसका स्वागत किया तो वह सारी थकावट भूल जाएगा। उसके मुख पर भी मुस्कुराहट दौड़ जाएगी। वह मीठी मुस्कान बोल पड़ेगी, "आपके लिए इस दिल में स्थान सुरक्षित है।"

मुस्कान परमात्मा की भाषा है। इसलिए हर देवता का चित्र और मूर्ति मुस्कुराती हुई मिलेगी। मुस्कान प्रेम की भाषा है। मुस्कान हीन प्रेम हो ही नहीं सकता। मुस्कान औषधि है। मुस्कान के आते ही तनाव-चिन्ता छूमन्तर हो जाती है। मुस्कान मित्रता की भाषा है, मुस्कान मित्र बनाती है, दुश्मनी का अन्त करती है, मुस्कान से दिल की दूरियाँ मिट जाती हैं। महान चिन्तक सैमुअल स्माइल्स का कथन है, "मुस्कान आत्मा की शक्ति है।" मुस्कान संक्रामक है। एक मुस्कुराते चेहरे को देखने से हमारे चेहरे पर स्वतः मुस्कान तैरने लगती है।

मुस्कुराहट के अन्तर्राष्ट्रीय बाजार में भारतीय मुस्कुराहट के बाजार की स्थिति बहुत कमजोर है। हम महत्त्वपूर्ण व्यक्ति होने के नाते हर समय यहाँ तक कि बाथरूम में भी मुखौटा पहने रहते हैं। हमें लगता है कि हमें मुस्कुराना नहीं चाहिए, लोग हमारे बारे में क्या सोचेंगे? यही नहीं, बहुत से लोग तो हमेशा तनावपूर्ण मुखमुद्रा बनाए रखते हैं। उनके चेहरे के खिंचाव को देखकर ऐसा लगता है कि जैसे उन्होंने कोई कड़वी चीज मुँह में दबा रखी हो। क्या यह बात बेतुकी नहीं है!

यूरोपीय देशों, विशेषकर इंग्लैंड, में मैंने देखा कि वहाँ के लोग हमेशा मुस्कुराते रहते हैं। आप किसी कार्यालय, बैंक या पोस्ट ऑफिस में जाएँ अथवा आप रेल टिकट खरीद रहे हों, सामने वाला व्यक्ति मुस्कुराते हुए

आपका अभिवादन करेगा। सड़क पर पैदल चलते हुए सामने से आनेवाले जिस पुरुष या स्त्री से आपकी नजरें मिलेंगी, वह भी आपको देखकर मुस्कुराए बिना नहीं रहेगा।

हम भारतीयों को चाहिए कि हम अपनी गहन-गम्भीर मुख मुद्रा को उतार फेंकें और एक मस्खरापन ओढ़ लें। धीरे-धीरे यह ओढ़ा हुआ व्यक्तित्व आपके स्वभाव का अंग बन जाएगा। मित्रों, परिचितों और परिजनों के बीच हँसी की फुलझड़ियाँ छोड़ते रहिए तो घर और दफ्तर का तनाव कपूर की तरह उड़ जाएगा।

मुस्कुराहट सजे-सजाए घर के समान है। मनुष्य रोने के लिए नहीं बनाया गया, मुस्कुराने के लिए बना है। याद रखिए, अगर आपके मन में मुस्कुराहट है तो वही आपके चेहरे को दमकाती है। प्रकृति को देखिए, वह हमेशा फूलों, हरी पत्तियों और चाँद-सूरज के जरिए मुस्कुराती है, तो फिर हम क्यों नहीं मुस्कुराते हुए अपने जीवन को सुखी बनाते। किसी ने ठीक ही कहा है :

रो-रो कर मत कर यहाँ दुख को और विराट
मुस्कान का मंत्र ही है हर दुख की काट।

हमारा जीवन एक मुस्कुराहट भरा गीत होना चाहिए। यह तभी हो सकता है जब हम खूबसूरती से जीवन जीने की कला सीखें।

आज का अभिनन्दन करो

प्रतिदिन जीवन मार्ग में जो छोटी-छोटी चीजें आती हैं, उनका आनन्द लेने की कला बिरले ही सीख पाते हैं। जबकि सारे जीवन काल में सबसे महत्त्व की चीज छोटे-छोटे रोज के सुख और सन्तुष्टियाँ ही हैं। जितने लोगों को मैं जानता हूँ, वे सभी भविष्य की आशा में रह रहे हैं, वर्तमान की यथार्थता या वास्तविकता में नहीं। वे जीवन वैसा नहीं बिता रहे जिसकी आकांक्षा की थी। वे अभी उसका आनन्द लेने की तैयारी ही कर रहे हैं। जब जरा और अच्छा मकान होगा, जब थोड़ा और पैसा आ जाएगा, जीवन की कुछ और सुविधाएँ होंगी, थोड़ी और फुर्सत मिलेगी, जिम्मेदारी से और छुटकारा होगा, तब वे जीवन के आनन्द और सुख लेने के लिए तैयार होंगे।

मुश्किल से ही कोई ऐसा व्यक्ति मिलेगा जो सच्चाई से यह कह सके, ''मैं सचमुच सुखी जीवन व्यतीत कर रहा हूँ।'' यही जीवन पाने की मैं कोशिश कर रहा था, इसकी ही मैं संसार में प्राप्त हो सकनेवाला श्रेष्ठ जीवन समझकर आकांक्षा करता था।

सुख पाने की कला का इस तरह विकास कर लेना बड़ी बात है कि हमें प्रतिदिन के सामान्य अनुभवों से आनन्द मिले। सुख की आदत हमारे कल्याण के लिए उतनी ही आवश्यक है, जितनी काम करने की आदत। तो आइए, हम 'आज' को बेहतर बनाएँ और इसका भरपूर आनन्द लें। क्या आप जानते हैं निम्नांकित पद्यांश किसने लिखा है :

सुखी मानव तो वही है, जो आज को अपना बना ले,
और हो आश्वस्त कह दे जी लिया बस आज मैं
तो फिर 'कल', जो करना हो तू कर ले।

लगता है, जैसे यह पद्यांश आधुनिक युग की रचना हो, इसी युग की अभिव्यंजना हो। किन्तु ऐसी बात नहीं है। ईसा से तीन सौ वर्ष पूर्व रोमन कवि होरस ने इस पद्यांश की रचना की थी।

एक मस्तमौला फकीर से किसी व्यक्ति ने पूछा—आज मौसम कैसा

रहेगा? फकीर ने कहा—जैसा मैं चाहूँगा वैसा रहेगा। प्रश्न पूछनेवाले ने अनुमान लगाया कि फकीर को किसी शक्ति का अहंकार है। अत: उसने पुनः प्रश्न किया—क्या मतलब? फकीर मुस्कुराकर बोला—मेरे भाई, जैसा मैं अपने मन को बना लूँगा, मौसम वैसा ही हो जाएगा।

सुबह उठकर आप सोचें कि आपको आज का दिन कैसे व्यतीत करना है—सुख के साथ या दुख के साथ। सुख का मन बनाकर चले तो दिन अच्छा बीतेगा। विश्वास के साथ हर पल में आपको सुख मिलेगा क्योंकि आपने मन:स्थिति वैसी बना ली है। किसी ने ठीक ही कहा है :

कल की खुशियाँ किसने देखीं, आज की खुशियाँ खोएँ क्यों,
जिन घड़ियों में हँस सकते हैं, उन घड़ियों में रोएँ क्यों!

आपने लोगों को कहते हुए सुना होगा कि वर्तमान पर ध्यान दो। हर पल को जियो और उसमें मिलनेवाले आनन्द का अनुभव करो। शायद यही वास्तविक खुशी का राज हो। इस सम्बन्ध में एक शोध सर्वेक्षण के निष्कर्ष से पता चलता है कि जो लोग वर्तमान पल जी रहे थे और जिनका मन नहीं भटका था, वे अधिक खुश थे।

बड़े-बड़े चिन्तक, प्रसिद्ध दार्शनिक, आध्यात्मिक गुरु और आजकल के मोटिवेशनल टीचर्स यह कह-कहकर थक गए कि जीवन का हर पल जीभर जियो, क्या पता अगला ही पल जीवन का आखिरी पल हो! इसके बावजूद मन में दूसरों के प्रति बैर, दुश्मनी, जलन, कुंठा और प्रतिस्पर्धा की भावना इनसान को भीतर ही भीतर खोखला किए जा रही है। वह सिर्फ भाग रहा है, पैसा कमाने... दूसरों से आगे निकलने... दूसरों को नीचा दिखाने... किसलिए...? सिर्फ और सिर्फ खुद के लिए ताकि अपना भविष्य सुरक्षित कर सके... अपने लिए तमाम खुशियाँ जुटा सके।

लेकिन क्या इस आपाधापी की ज़िन्दगी से वह सच्ची खुशी जुटा सका है? इसका एक ही उत्तर है—नहीं। निष्कर्ष यह है कि खुश रहने के लिए हर पल जी भर के जियो।

क्योंकि :

हर घड़ी बदल रही है रूप ज़िन्दगी
छाँव है कभी, कभी है धूप ज़िन्दगी

हर पल यहाँ जी भर जियो
जो है समाँ, कल हो न हो।

याद रखिए, हर सुबह एक नई ज़िन्दगी लेकर आती है, पक्षी भी बड़े

उत्साह से नए दिन की शुरुआत करते हैं फिर इस नई ज़िन्दगी का श्रीगणेश क्यों न हम भी आज से ही उत्साह एवं उल्लास के साथ करें और महाकवि कालिदास द्वारा रचित इस निम्नांकित पद्यांश का अनुसरण करते हुए अपने जीवन को सुखी बनाएँ।

उषा अभिनन्दन :

आज का स्वागत करो।
यही जीवन है। जीवन का सार है।
मानव अस्तित्व की सभी विविधताएँ,
वास्तविकताएँ इसी में निहित हैं।
इसमें विकास का वरदान है,
कर्म का महालय है और
सिद्धि का वैभव है
भूत सपना है और भविष्य कल्पना।
सुखद वर्तमान से ही भविष्य के स्वप्न की सृष्टि होती है
और आनेवाला कल आशामय बन जाता है।

तनाव की छुट्टी करें

आज के समय में जिस बीमारी से मनुष्य सबसे अधिक प्रभावित है, वह है—मानसिक तनाव। आज की दौड़ती-भागती ज़िन्दगी में कुछ बिरले व्यक्ति होंगे, जो मानसिक तनाव से ग्रस्त न हों। तनाव सिद्धान्त के जनक महान मनोवैज्ञानिक हॉस सेल्य का कथन है कि आज मानसिक तनाव जीवन का एक हिस्सा बन गया है। ऐसे व्यक्ति की कल्पना करना असम्भव है, जो मानसिक तनाव अनुभव न करता हो।

तनावग्रस्त लोगों की ज़िन्दगी में न खुशी है, न शान्ति। चहचहाते पक्षी, नीला आसमान, वर्षा की रिमझिम, उत्सव, त्योहार, मेले-ठेले, नाच-गान और हँसी-मजाक—कुछ भी इन्हें आनन्दित नहीं कर पाते। करें भी तो कैसे, जब उम्र भर खतरा ही सामने दिखाई देता रहे? संक्षेप में, अगर आप अपने आपको बराबर तनावग्रस्त महसूस करते रहे हैं तो आपको जीना ही नहीं आया है क्योंकि किसी विशेष परिस्थिति से पैदा हुआ तनाव तो अस्थायी होता है और परिस्थितियों के ठीक हो जाने पर आप भी सामान्य हो जाते हैं। मगर स्थायी तनाव का सीधा-सा अर्थ है—परेशानी हालात के कारण नहीं, बल्कि मन के परेशान रहने के कारण है।

तनावग्रस्त लोग एकान्तप्रिय हो जाते हैं। वे लोगों से मेल-मिलाप रखना पसन्द नहीं करते। दूसरों पर बिना कारण शंका-कुशंका करते हैं, और इसी वजह से वे अपने आपमें सिमटे रहते हैं और अपने दुख-दर्दों को कई गुना बढ़ाकर अनिष्ट की कल्पनाएँ करते रहते हैं। तनाव की ऐसी स्थिति में ही सड़कों और कारखानों में दुर्घटनाएँ घटती हैं और परिवारों में झगड़े होते हैं। आपने कई बार सड़क पर अकेले जाते हुए व्यक्ति की कसी हुई मुट्ठी, तेज चाल, बड़बड़ाते होंठ देखे होंगे और यह भी देखा होगा कि संयोगवश ज्यों ही आपसे उसकी आँख मिली, वह शरमा गया।

यों तो अनेक कारण हैं मानसिक तनाव के, परन्तु आँकड़ों से यह विदित होता है कि पुरुष की अपेक्षा महिलाएँ इस बीमारी से अधिक ग्रसित रहती हैं।

महिलाएँ प्राकृतिक रूप से अधिक कोमल, भावनाप्रधान तथा संवेदनशील होती हैं। यही कारण है कि वे छोटी-छोटी घटनाओं से भी प्रभावित हुए बिना नहीं रहतीं।

महिलाओं में भी घरेलू महिलाओं की तुलना में कामकाजी महिलाओं में तनाव की तीव्रता अधिक रहती है। इसका कारण है—दोहरा उत्तरदायित्व वहन करना। वे अपने मन पर हमेशा एक न एक बोझ लिये रहती हैं। यदि उन्हें स्कूल या कार्यालय जाना है तो प्रातः घर से बाहर जाने के पूर्व पति, बच्चों, मेहरी तथा परिवार के अन्य सदस्यों की भी जिम्मेदारी पूरी करनी होती है। समय पर कार्यालय में पहुँचना, घर-गृहस्थी में कहीं दरार न आने देना। कुशल गृहिणी का कर्तव्य पालन करते हुए अतिरिक्त आय घर में लाना, कार्यालय में भी अपने कार्य को पुरुषों के समान ही कुशलता से कर पाना, देर-सबेर घर आना आदि दायित्वों का निर्वाह करना पड़ता है। इसके विपरीत घरेलू महिलाएँ कामकाजी महिलाओं से कम मानसिक तनाव में रहती हैं परन्तु कुछ ऐसी मूल बातें होती हैं जिनकी वजह से वे भी तनावमुक्त नहीं रह पातीं। कामकाज का तनाव, बच्चों के समय से घर लौटने का तनाव, उनके होमवर्क का तनाव, मेहमानों, रिश्तेदारों तथा पड़ोसियों का तनाव।

इसी प्रकार दूसरों की सुख-समृद्धि देखकर कुढ़ना, दूसरों में दोष, दुर्गुणों को ढूँढ़ते रहना, भविष्य में किसी विपत्ति के आ जाने की आशंका से डरते रहना आदि आदतें मामूली सी मालूम होती हैं, पर बहुत कम लोग जानते हैं कि उगके स्वास्थ्य को नष्ट करने में इनका कितना बड़ा हाथ रहता है। सदैव मानसिक तनाव में रहनेवाली महिलाएँ अनिद्रा, सिरदर्द, दिल की धड़कन, मधुमेह जैसे अकालमृत्यु बुलानेवाले रोगों की चंगुल में फँस जाती हैं और स्वास्थ्य को बर्बाद करती रहती हैं। स्वास्थ्य विशेषज्ञों का मत है कि आठ घंटे शारीरिक श्रम में उतनी शक्ति नष्ट नहीं होती, जितनी आधे घंटे तक मानसिक तनाव का उद्वेग बने रहने पर होती है।

जिन लोगों को स्वस्थ व नीरोग रहना हो, वे अपने मन को तनाव से पूरी तरह मुक्त रखें। हँसने-हँसाने की आदत डालें और चित्त को सन्तुष्ट और प्रसन्न बनाए रखें। रोजमर्रा के जीवन में अभाव, परेशानियाँ आ सकती हैं लेकिन उन्हें देखकर विचलित नहीं होना चाहिए, बल्कि धैर्य, साहस तथा सूझबूझ के साथ उनका मुकाबला करना चाहिए। जो कठिनाइयाँ तत्काल टाली न जा सकें, उन्हें धैर्यपूर्वक सहन करने की आदत बनाना चाहिए।

कुछ लोग अपनी समस्याओं और परेशानियों को मन में ही रखे रखते हैं, किसी से चर्चा या विचार-विमर्श नहीं करते किन्तु :

याद रखिए, अपनी समस्याओं और मुसीबतों को अपने मन में रखना ठीक नहीं है। अपने विश्वासपात्र, हमदर्द साथी, पति–पत्नी, माता–पिता, डॉक्टर या अध्यापक से दिल का दर्द कह डालिए। इससे न केवल मन की घुटन कम हो जाएगी बल्कि उस उलझन पर नए तरीके से सोचने का मौका मिलेगा और सम्भव है कि जो समस्या अब तक विकराल दिखाई देती रही है, वह बहुत ही आसान साबित हो जाए।

तनाव से मुक्ति के लिए मुस्कुराने, हँसने–हँसाने की प्रवृत्ति का विकास करें। गहन–गम्भीर मुखमुद्रा को उतार फेंकें। साथ ही किसी शायर की ये पंक्तियाँ याद भी रखें :

जिसके चेहरे पर सदा खिलती रहे मुस्कान
उसके ख़ातिर जग में सब कुछ है आसान
मुस्कुराकर जिसको ग़म का घूँट पीना आ गया
यह हक़ीक़त है जहाँ में उसको जीना आ गया।

पुस्तकें पढ़ने की आदत डालें

किताबें पढ़ने का हमारे दिमाग पर क्या असर पड़ता है, इस बात का अध्ययन अमेरिकन एकेडमी ऑफ न्यूरोलॉजी के अध्ययनकर्ताओं ने किया। अपने परीक्षण में 25 वर्ष से 60 वर्ष तक के 1000 लोगों को शामिल किया। इन लोगों के ब्रेनमैपिंग करने पर विदित हुआ कि जो लोग विगत वर्षों के दौरान किताबें पढ़ने में व्यस्त रहे, उनकी दिमागी क्षमता अधिक थी। इसके विपरीत जिन लोगों ने बीते वर्षों के दौरान अपना अधिकांश समय टी.वी. देखने या गप्पें मारने में व्यतीत किया, उन लोगों की दिमागी क्षमता कमजोर पड़ गई थी। दिमागी क्रियाकलापों में व्यस्त रहनेवाले लोगों की याददाश्त भी अच्छी थी।

वैज्ञानिकों के अनुसार, किताबें एक प्रकार से हमारे दिमाग के लिए प्रोटीन का काम करती हैं।

लिवरपूल यूनिवर्सिटी (यू.के.) के वैज्ञानिकों का कहना है कि क्लासिकल राइटर्स की कृतियाँ पढ़ना किसी भी सेल्फहेल्प बुक से ज्यादा कारगर है। इससे दिमाग में एकाग्रता बढ़ती है। वैज्ञानिकों ने इसके लिए उन लोगों के दिमाग को स्कैन किया जो शेक्सपियर और वर्ड्सवर्थ को पढ़ते हैं। उसके बाद उन लेखों की भाषा का अनुवाद करके वालंटियर्स को पढ़ने दिया। कविताओं और छन्दों की मूल भाषा मुश्किल होती है। उनमें नए शब्द और वाक्य कवि के भाव लिये होते हैं। वैज्ञानिकों ने हर शब्द पढ़ने के दौरान दिमाग में हुई हलचल को मॉनिटर किया था। शोध में पाया गया कि मूल कृतियाँ पढ़ने पर दिमाग में इलेक्ट्रिकल एक्टिविटी एकदम बढ़ गई थी। इस दौरान इलेक्ट्रिकल स्पार्क से दिमाग में और पढ़ने की इच्छा जाग्रत् हुई थी। यह भी पाया गया कि कविताएँ पढ़ने पर दिमाग के दाएँ हिस्से में प्रतिक्रिया होती है। यह हिस्सा ऑटोबायोग्राफिकल मेमोरी और भावनाओं से सम्बन्धित होता है। इससे दिमाग उन चीजों को अपने अनुभवों से जोड़ना सीखता है। यह किसी भी सेल्फहेल्प बुक से ज्यादा कारगर है। प्रो. फिलिप डेविस का कहना है कि साहित्य पढ़ने से हमारे दिमाग में नए विचार जन्म लेते हैं।

साहित्य किसी भी रचनाकार के जीवन अनुभवों का निचोड़ होता है। हम सभी के पास केवल अपनी-अपनी ही जिन्दगियाँ हैं, जिसे हम जी रहे हैं। साहित्य के जरिए हम न जाने कितनी जिन्दगियाँ जी लेते हैं और न जाने कितने अनुभवों से समृद्ध कर लेते हैं।

आपको आत्मकथाओं और जीवनियों को पढ़ने से भी स्वयं को जोड़ना चाहिए। ये पुस्तकें न केवल आपको रोचक लगेंगी, बल्कि उस व्यक्ति, उसके समय और समाज के बारे में आपकी जानकारी बढ़ाएँगी। इससे आपकी निर्णय लेने की क्षमता विकसित होगी। फिर किताबें पढ़ना एक तरह से दिमाग का व्यायाम है जो हमारी स्मरणशक्ति को मजबूत बनाता है। किसी ने ठीक कहा है :

जानकारी की भूख मिटाती हैं किताबें
कुतूहल की प्यास जगाती हैं किताबें
अपने बलबूते पर खड़े हो सकें
हमें इस काबिल बनाती हैं किताबें।

किताबें इनसान को नई सोच और विचार देती हैं जिससे इनसान को अच्छा जीवन जीने में मदद मिलती है। ज़िन्दगी के हर पहलू को हम अपने जीवन में नहीं जी सकते लेकिन किताबों के माध्यम से हम उन पहलुओं को गहराई से जान सकते हैं और उन्हें महसूस कर सकते हैं। इससे ज्ञान का दायरा बढ़ता है, सोच अच्छी बनती है और हम व्यापक स्तर पर मूल्यांकन करने में सक्षम होते हैं इसलिए यदि आप कुछ भी अच्छा करना चाहते हैं तो रोज पढ़ने की आदत डालिए।

टालमटोल की आदत से बचें

समय बड़ा मूल्यवान है। कहते हैं, धनुष से निकला तीर और बीता हुआ समय कभी लौटकर नहीं आते। व्यक्ति की उन्नति और सफलता के मार्ग की सबसे बड़ी बाधा है—काम को कल पर टालते जाना। इस टालमटोल की आदत ने जितना नुकसान मानव का किया है उतना तो युद्धों और बीमारियों ने भी नहीं किया होगा। आस्कर वाइल्ड ने एक जगह लिखा है, ''कोई भी आदमी इतना अमीर नहीं होता कि वह अपने बीते हुए दिन खरीद सके।'' काम को ठीक समय पर करने की क्षमता ही उन्नति का मूलमंत्र है। आज का युग प्रतिद्वन्द्विता और व्यावसायिकता का है, ऐसे समय में यदि हम किसी काम को कल के भरोसे छोड़ते हैं, तो यकीन मानिए, हम नए जमाने के साथ कदम नहीं मिला सकते। कहीं आप भी टालमटोल की आदत का शिकार तो नहीं?

काम को कल पर टालना यह बहुतों की आदत होती है। ऐसे लोगों का गुरुमंत्र होता है :

आज करे सौ काल कर, काल करै सो परसों।
जल्दी-जल्दी क्यों करता है, अभी तो जीना है बरसों।।

या

किस-किस को याद कीजिए किस-किस को रोइए।
आराम बड़ी चीज है मुँह ढक कर सोइए।।

काम को कल पर टालने के कई कारणों में पहला और प्रमुख कारण है—आलस्य या प्रमाद। संस्कृत में कहा गया है : ''**आलस्य ही मनुष्याणां शरीरस्थो महारिपुः**'' अर्थात् मनुष्य का सबसे बड़ा शत्रु आलस्य के रूप में उसके शरीर में निवास करता है। यह आलस्य ही अनर्थ की जड़ है, असफलता का कारण है। मनुष्य का मन काम से दूर भागने के लिए अपने आपको कई तरह के बहाने देता रहता है, जिनमें से आलस्य एक है। आपको चाहिए कि इस शैतान के चंगुल से बाहर निकलें और समय के पाबन्द बनें।

टालमटोल और काम शुरू करने से हिचकिचाने की प्रवृत्ति के पीछे एक

मनोवैज्ञानिक ग्रन्थि भी काम कर रही होती है। काम टालना दरअसल काम न करने की इच्छा का ही एक रूप है। ऐसी इच्छा भी दो कारणों से जन्म लेती है—आत्मविश्वास की कमी और असफलता का डर। आत्मविश्वास की कमी से ही असफलता का डर पैदा होता है। अगर आप पहले से यह मानकर चलेंगे कि आपमें किसी भी कार्य को सफलतापूर्वक कर पाने की क्षमता नहीं है तो आप कल्पना में अपनी असफलता और उसके कारण बननेवाले अपने मजाक को देखेंगे, आनेवाली बाधाओं की बढ़-चढ़कर कल्पना करेंगे और अन्त में भयभीत होकर उस काम को कल पर टाल देंगे। पर सोचनेवाली बात यह है कि किसी भी काम का महत्त्व ही तब है, जब वह समय से किया जाए, कल पर टालते-टालते यदि वह समय निकल जाता है, तो उस काम का होना न होना अपना मूल्य खो देता है।

आत्मविश्वास अर्जित करने और असफलता के डर को दूर भगाने का एक ही तरीका है, जिस काम को करने में डर लगे, उसका छोटे पैमाने पर और बार-बार पूर्वाभ्यास किया जाए। जब छोटे पैमाने पर आप सफल होने लगें तो आत्मविश्वास बढ़ जाएगा, फिर आप इसे बड़े पैमाने पर भी सरलता से कर पाएँगे। इसके अलावा जब आप किसी काम को नियत समय से थोड़ा पहले ही निपटाकर रख लेते हैं तो अन्दर से आत्मविश्वास अपने आप ही पैदा हो जाता है। हर दिन जल्दी उठकर दिन भर के कार्यों की रूपरेखा मन में निर्धारित कीजिए और ज्यादा-से-ज्यादा कामों को दिन के शुरुआती हिस्से में ही निपटा लीजिए। 'काम पहले, आराम बाद में' इस नीति पर चलते हुए आप पाएँगे कि आप सफल हो रहे हैं। विश्व के सभी महान लोग अल्फ्रेड, कोलम्बस, नेपोलियन, कॉपरनिकस, जवाहरलाल नेहरू और महात्मा गांधी भी सुबह जल्दी उठने के आदी थे और समय के बड़े पाबन्द थे और यही इनकी सफलता का राज है।

अत: टालमटोल की आदत को त्यागें, अपने अन्दर की स्फूर्ति और उत्साह को बनाए रखें। सवेरे जल्दी उठकर योजना बनाएँ, उस पर अमल करें और सभी कामों को अपने नियत समय से पूर्व ही सम्पन्न कर लें। आप पाएँगे कि आप गजब के आत्मविश्वासी हो गए हैं और इससे मिलनेवाली सन्तुष्टि तो आपको बोनस के रूप में मिलेगी।

वक्त की नजाकत को पहचानो। अपने किसी काम को कल पर मत टालो। जो लोग अपने काम को कल पर टालते हैं, वे खुद टलते जाते हैं, जो अपने काम को आज सम्पादित करते हैं, वे समय का वर्तमान बन जाते हैं। हम न केवल आज के कार्य को आज करें वरन् कल के कार्य को भी आज कर डालना

सम्भव हो तो स्वयं की ओर से प्रयत्नशील रहने में कोई कोर-कसर न रहने दें। कल का काम आज हो और आज का काम अभी। इसे जीवन में सफलता का ही नहीं, सुख का भी मूलमंत्र मानें। इसीलिए कबीर ने लिखा है :

काल करे सो आज कर, आज करे सो अब।
पल में परलय होयगी, बहुरि करोगे कब।।

स्टेफन लिकोक ने लिखा है कि हमारे जीवन की यह छोटी-सी शोभायात्रा भी कितनी विचित्र है। आज का काम कल पर छोड़ दिया जाता है। बालक कहता है कि किशोर होने पर देखा जाएगा, किशोर युवावस्था की प्रतीक्षा करता है और युवा बनने पर कहता है गृहस्थ बनने पर देखेंगे। और तब तक विचार बदल जाता है, सोचता है गृहस्थ हो गया तो क्या हुआ, पहले सांसारिक झंझटों से निपट लूँ तब देखूँगा। और जब काम-काज से छुट्टी मिल जाती है तब वह अपने अतीत पर दृष्टिपात करता है और उसे लगता है जैसे अतीत पर पाला पड़ गया हो, सब कुछ समाप्त हो गया हो, और तब कहीं जाकर इतने विलम्ब के बाद उसे जीवन के प्रत्येक पल के पूर्ण दोहन में जीवन की सार्थकता का भान होता है।

एक बार अमेरिकी दार्शनिक इमरसन से पूछा गया कि आपकी आयु क्या है? इमरसन ने तुरन्त उत्तर दिया—360 वर्ष। जिस व्यक्ति ने प्रश्न किया उसने आश्चर्य के साथ पूछा—श्रीमान इमरसन, आप तो 60 वर्ष के ही लगते हैं, क्या आप गलत नहीं कह रहे!

इस पर इमरसन ने कहा—वर्षों की संख्या से आप सही हैं, लेकिन मैंने अपने कार्यों में समय के एक-एक क्षण का जितना उपयोग किया है उतने समय में एक सामान्य व्यक्ति को 360 वर्ष लग जाएँगे, अत: समय सम्बन्धी मेरा कथन सही है।

शब्दों की बागवानी कीजिए और खुश रहिए

खुश रहने और मन-बहलाव के लिए कुछ लोग ऐसे भी हैं जो शब्दों की बागवानी करते हैं। और जब वे इस बागवानी के बारे में लोगों से चर्चा करते हैं तो उनका चेहरा खुशी से चमक उठता है। ऐसे ही एक व्यक्ति का कहना है कि जैसे माली फूल और पौधों को बढ़ाता है, सँवारता है वैसे ही मैं भी शब्दों को बढ़ाता हूँ और उनके पर्यायवाची शब्द या अर्थ के निकट पहुँचानेवाले शब्द बैठाता हूँ। जब कभी नए शब्दों को अपने दिमाग में जमाना चाहता हूँ तो उसका सही अर्थ जानने के लिए शब्दकोश की छानबीन करता हूँ। इस कार्य में मुझे खुशी मिलती है, आनन्द आता है।

एक व्यक्ति निराश था, दुखी था, जीवन के प्रति उसकी सोच नकारात्मक थी। समय उससे काटे नहीं कटता था। एक दिन उसके मन में शब्दों और मुहावरों के माध्यम से मन बहलाने का विचार आया। अपने विचार को कार्यरूप में परिणत करने के लिए उसने नोट बुक और कलम उठाई। सर्वप्रथम उसने प्रसन्नता शब्द लिखा फिर उसके पर्यायवाची शब्द या अर्थ में नजदीकी शब्दों को बैठाने लगा। जैसे—

प्रसन्नता : प्रफुल्लता, उल्लास, हर्ष, खुशी, जिन्दादिली, सुहावनापन, आनन्द, आशा, उत्साह आदि।

उसने जब प्रसन्नता और इसके निकटवर्ती शब्दों को ऊँची आवाज में पढ़ा और फिर सोचने लगा कि इन शब्दों में से प्रत्येक शब्द का अर्थ यदि उसके जीवन में उतर जाए तो कैसा लगेगा—ऐसा सोचकर ही उसका चेहरा चमक उठा और धीरे-धीरे जीवन के प्रति नकारात्मक सोच निराशा और दुख दूर होता गया। उसकी नोट बुक में शब्दों की संख्या बढ़ती गई :

बुद्धिमत्ता : समझदारी, तर्कशक्ति, ज्ञान, अध्ययन, सावधानी, विज्ञता, सतर्कता, अक्लमन्दी।

उदारता : विपुलता, प्रचुरता, उच्चता, शुभचिन्तन, सहानुभूति, दया, त्याग।

प्रार्थना : प्रेम, चिन्तन, समर्पण, गुणगान, अपनापन, ध्यान।

धीरज : सहनशीलता, सन्तुलन, सुस्थिरता, संवेदनशीलता।

शान्ति : सन्तोष, गम्भीरता, निश्चलता।

ईमानदारी : विश्वास, उच्चता, वफादारी, सत्यता, यथार्थवादिता।

स्वास्थ्य : तेजस्विता, शक्ति, पूर्णता, क्रियाशीलता, मजबूती, जोर, जीवन-शक्ति, कठोर जीवन, प्रवाह।

मुहावरों के बारे में उसका कहना था कि मुझे उनके चुनने में जो आनन्द आता है, प्रसन्नता मिलती है वह किसी माली को गुलदस्ते सजाकर भी क्या आती होगी! मुहावरे मैं अच्छे लेखकों की पुस्तकों तथा पत्र-पत्रिकाओं से चुनता हूँ। इसी प्रकार मैं अपने इकट्ठे किए शब्दों पर विचार करता हूँ और उनमें इस प्रकार खो जाता हूँ कि सभी मानसिक समस्याएँ, समस्याएँ नहीं रहतीं, वे स्वतः ही दूर हो जाती हैं।

शब्दों की बागवानी में न तो कभी अधिक वर्षा का डर रहता और न धूप का। यह बागवानी आप जहाँ चाहें कर सकते हैं। यह बागवानी शुरू कीजिए फिर देखिए आपको कितना आनन्द आएगा।

लेना ही नहीं, देना भी सीखिए

किसी की सेवा, मदद और परोपकार से जो सुख मिलता है, वह गहरा और सच्चा होता है। उससे खुशी ही नहीं, मानसिक शान्ति भी मिलती है, जो कि एक दुर्लभ अहसास है, जिसकी सभी को तलाश रहती है। शायद इसीलिए परोपकार को धर्म में शामिल किया गया है। दूसरों की मदद करके आपको जो सुख मिलता है, वह न कोरा दार्शनिक कथन है, न ही नैतिक शिक्षा का कोरा पाठ। इसका अपना विज्ञान भी है। जब आप किसी की सहायता करते हैं तो आपके भीतर मनोतृप्ति वाले हारमोन स्रावित होने लगते हैं। मदद की संस्कृति पर हमारी सारी सामुदायिकता टिकी होती है।

सुख की आकांक्षा स्वाभाविक है। लाभ सफलता और उपलब्धि सुख लेकर आते हैं। सुख की अनुभूति का यह प्रवाह एकतरफा है। इस रास्ते में सुख की चाह अनन्त-अनन्तकाल से है। इसमें आप किसी को देते कुछ नहीं। सब कुछ आपको प्राप्त होता है। प्राप्त न हो तो दुख और निराशा, प्राप्त होता रहे तो सुख और सौभाग्य। मनीषियों ने इसी सोच को स्वार्थ कहा। निस्सन्देह इसकी सिद्धि परिणाम में सुख लाती है। मगर इससे उलट भी एक मार्ग है जो और गहरे सुख का अनुभव देता है। कुछ देना, कुछ बाँटना, उन्हें जिनके लिए इनकी जरूरत है।

देश के सुप्रसिद्ध उद्योगपति एवं समाजसेवी स्व. घनश्यामदास बिड़ला ने आज से 80 वर्ष पूर्व सन् 1934 में श्री बसन्त कुमार बिड़ला को भेजे हुए पत्र में लिखा था :

''धन सदैव रहेगा भी नहीं, इसलिए जितने दिन धन पास में है, उसका उपयोग सेवा के लिए करो।'' इसी सन्दर्भ में एक मनीषी की पंक्तियाँ बहुत मार्मिक हैं :

''जो कुछ हम बटोर रहे हैं,
वह तो एक सपना है।
और जो कुछ हम बाँट रहे हैं,
वही तो अपना है।''

भारत में बड़े औद्योगिक घरानों तथा धनी सेठों द्वारा परमार्थ के क्षेत्र में काफी अरसे से काम किया जा रहा है। इस मामले में टाटा और बिड़ला घराने प्रमुख रहे हैं। उधर ब्रिटेन में बसे भारतीय मूल के लक्ष्मी मित्तल भारत तथा ब्रिटेन में कई परोपकारी गतिविधियों से जुड़े हुए हैं।

विदेशों में तो अनेक उद्योगपति अपनी अन्तरात्मा की आवाज सुनकर समाज के वंचित वर्गों के लिए कुछ सकारात्मक करने हेतु आगे आ रहे हैं। बिल गेट्स को ही लें। सन् 2000 में उन्होंने अपनी पत्नी मेलिंडा के साथ द *बिल एंड मेलिंडा गेट्स फाउंडेशन* की शुरुआत की, जो आज 37.3 अरब डॉलर की पूँजी के साथ विश्व का सबसे बड़ा पारमार्थिक संगठन है। दो वर्ष पूर्व गेट्स के मित्र तथा उस समय विश्व के दूसरे सबसे धनवान व्यक्ति वॉरेन बफेट ने अपनी सारी दौलत क्रमिक रूप से दान करने और इसमें से लगभग 80 प्रतिशत अकेले द *बिल एंड मेलिंडा गेट्स फाउंडेशन* को देने की घोषणा कर दी। 23 जून, 2006 को ही उन्होंने फाउंडेशन को 30.7 अरब डॉलर दान किए। यह मानव इतिहास में अब तक का सबसे बड़ा दान माना जाता है।

ऐसा नहीं कि सिर्फ उद्योगपति ही इस प्रकार परमार्थ में रत हैं। केरल के एक गाँव में एक दलित परिवार में जन्मे कुमार बाहुलेयन ने न्यूरो सर्जन बनकर अमेरिका में करोड़ों डॉलर कमाए लेकिन वे अपने गाँव को नहीं भूले। गत वर्ष उन्होंने केरल स्थित अपने गाँव को 2 करोड़ डॉलर दान किए। पंजाब, गुजरात आदि राज्यों से विदेश जाकर अकूत धन-सम्पत्ति अर्जित करनेवाले और भी कई भूमिपुत्र हैं, जो भारत लौटकर या विदेश में बैठे-बैठे ही अपने गाँवों पर धन बरसा रहे हैं। उधर एयर मार्शल अर्जुन सिंह ने 2 करोड़ रुपए दान कर एक न्यास की स्थापना की है, जिसके माध्यम से पूर्व वायु सेनाकर्मियों व उनके परिजनों की मदद की जाएगी। आई.आई.टी. खड़कपुर से निकले रणबीर सिंह गुप्ता न्यूयॉर्क में एक आर्किटेक्चर फर्म के मालिक हैं। इसी वर्ष उन्होंने आई.आई.टी. खड़कपुर को 10 लाख डॉलर दान किए हैं। ऐसे और भी अनेक ज्ञात-अज्ञात नाम हैं, जो अपनी कमाई का एक हिस्सा गरीबों को, अपने गाँव को या अपने शिक्षण संस्थान को दान कर चुके हैं या लगातार कर रहे हैं।

प्रत्येक व्यक्ति को अपने साधनों के अनुरूप दान देते रहना चाहिए। इससे जो आत्मसन्तोष और आत्मशान्ति मिलती है, उसे मापा नहीं जा सकता। यह सृष्टि का नियम है कि जो देता है वही पाता है, जो नहीं देता उसे प्राप्त भी नहीं होता।

क़ुरान शरीफ़ में भी दान के महत्त्व को स्वीकार करते हुए कहा गया है

कि प्रार्थना मनुष्य को खुदा की ओर जानेवाले रास्ते पर आधी दूर तक ले जाती है, उपवास हमें खुदा के महल तक पहुँचाता है किन्तु दान खुदा के पास तक पहुँचा देता है।

बादशाह अकबर बड़ा विवेकी था। वह हमेशा दान दिया करता था और ऐसा करते समय अपनी दृष्टि हमेशा नीचे की ओर ही रखता था। यह देखकर किसी ने एक बार उनसे पूछा—जहाँपनाह! आप इतना अच्छा काम कर रहे हैं, तब ऐसा करते हुए आप अपनी निगाह नीचे क्यों किए हुए हैं। तब अकबर ने जो उत्तर दिया वह हमेशा याद रखने योग्य है :

दाता तो कोई और है, भेजत है दिन-रैन ।
लोक भरम हम पै धरें तासे नीचे नैन।।

यह कितनी उच्च भावना है। देनेवाला मैं नहीं और ही है। संसार का यह भ्रम है कि मैं दे रहा हूँ। कवि रहीम ने भी लिखा है :

यों रहीम सुख होत है उपकारी के अंग।
बाँटनवारे के लगे, ज्यों मेहँदी को रंग।।

एक बार सावन-भादों के महीने में एक नदी को पूरे जोश से बहते हुए देखकर उसके किनारे का एक खड्डा हँस पड़ा और बोला—नदी, तू कितनी मूर्ख है जो अपनी जलराशि व्यर्थ में ही समुद्र को दे डालती है। नदी ने उस समय कोई उत्तर देना उचित नहीं समझा। लेकिन जब पौष का महीना आया तब नदी में तो निर्मल जल बह रहा था और खड्डा पड़ा सड़ रहा था। उचित समय जानकर नदी ने अपने पड़ोसी खड्डे से पूछा—क्यों भाई, उदास और मलिन क्यों दिखाई दे रहे हो?

खड्डा लज्जित होकर बोला—बहन, अपनी स्वार्थवृत्ति का ही फल भोग रहा हूँ, मुझे जो मिला था उसे मैं संचित करके बैठ गया। मैंने उसमें से कुछ दिया नहीं। आज उसी के फलस्वरूप सड़ रहा हूँ।

किसी ने बिल्कुल ठीक ही कहा है :

किसी के काम जो आए उसे इनसान कहते हैं,
पराया दर्द अपनाए उसे इनसान कहते हैं।
यों भरने को तो दुनिया में पशु भी पेट भरते हैं,
जो बन्दा बाँटकर खाए उसे इनसान कहते हैं।

धन कमाने में मनुष्य अनेक प्रकार के साधन प्रयोग में लाता है। उससे अनीति और अन्याय भी हो जाता है। ये पाप धीरे-धीरे बढ़ते जाते हैं और एक विशाल चट्टान की तरह हो जाते हैं जिसके नीचे आदमी दबकर विनष्ट हो जाता है। पाप की इस विकट चट्टान को दान की सुरंग से चूर-चूर किया जा

सकता है। अब इन्तजार मत कीजिए। यह मत सोचिए कि ज़िन्दगी में ज्यादा पैसा कमाने के बाद किसी की मदद करेंगे। अगर आपके पास देने के लिए कुछ भी है, तो अभी से देने का श्रीगणेश कर दीजिए।

यह कहा गया है कि जो गरीबों को देता है, वह ईश्वर को उधार देता है। जिस प्रकार किसान खेत में बीज डालता है तो उसे समय आने पर अनेक गुना अधिक मिलता है। उसी प्रकार दिया हुआ दान हमें श्रेष्ठ फल प्रदान करता है।

अतः हमें मूर्धन्य मनीषी जॉन हाल के इस कथन को हमेशा याद रखना चाहिए कि "अपने साधनों के अनुरूप दान करो अन्यथा ईश्वर तुम्हारे दान के अनुरूप तुम्हारे साधन बना देगा।"

Give according to your means or God will make your means according to your giving.

अकेलेपन की कैद से छुटकारा पाएँ

अकेला आदमी न तो पूरी तरह सुख का आनन्द उठा पाता है, न ही वह दुख की पीड़ा झेल सकता है। दुनिया भर के समाजों में सुख और दुख की अभिव्यक्ति का तरीका एक जैसा ही है। इन दोनों ही अवसरों पर समूह में इकट्ठे होने का रिवाज है, क्योंकि मिलकर आनन्द मनाने से वह दुगुना हो जाता है, और दुख बाँटने से हल्का हो जाता है। पर कुछ लोग समूह के बिना, मित्रों के बिना हमेशा अकेले ही रहना चाहते हैं, जिसके कई मनोवैज्ञानिक कारण हो सकते हैं।

अगर आपको अकेले रहना ही पसन्द आता है, अपने सिवा और किसी व्यक्ति में रुचि नहीं है और मित्र बनाने में संकोच होता है, तो सावधान हो जाइए क्योंकि निश्चित रूप से ये मानसिक अस्वस्थता के लक्षण हैं। स्वेच्छा से अकेलेपन को अंगीकार करना जेल जाकर सज़ा भोगने जैसा कष्टकर है।

कोलम्बस स्थित ओहियो स्टेट विश्वविद्यालय (यू.एस.) के मनोवैज्ञानिक एवं प्राध्यापक डॉ. जैनिक ग्लेसर ने यूरोपियन सोसाइटी ऑफ ह्यूमन रीप्रोडक्शन एंड एम्ब्रियोलॉजी की मासिक पत्रिका ह्यूमन रीप्रोडक्शन में हाल ही प्रकाशित अनुसन्धान रिपोर्ट में कहा है कि जब हम एक-दूसरे से मेल-जोलकर बातचीत करते हैं तब हमारे शरीर में ऐसे हारमोंस रिलीज होते हैं जो शरीर का विकास करते हैं, उनमें उपस्थित न्यूरोकेमिकल हमारे तनाव, कुंठा, चिन्ता और थकान को दूर करते हैं।

अनुसन्धानकर्ताओं को अकेलेपन के शिकार तथा सामाजिक मेल-जोल रखनेवाले लोगों के 'रक्त परीक्षण' में महत्त्वपूर्ण अन्तर का पता चला है। अकेलेपन से ग्रस्त लोगों के रक्त में बीमारियों के वायरसों को मारनेवाले श्वेत रक्त कण की क्रियाशीलता में कमी देखी गई। उनके शरीर में एड्रेलिन जैसे हारमोनों का रिसाव अधिक पाया गया, जो तनाव पैदा करते हैं।

अकेलेपन की भावना मानसिक असुरक्षा से उपजती है। अपराध भाव से दबे हुए आत्मग्लानि से कुंठित लोग शर्मीले होते हैं। इन्हें आत्महीनता की

पीड़ा कुचले रखती है। ये लोग किसी के भी बहुत नजदीक जाने से डरते हैं, क्योंकि इन्हें लगता है कि इनकी सारी कमजोरियाँ और कमियाँ नजदीक हो जाने पर साफ प्रकट हो जाएँगी। ये लोग अपने चारों ओर एकाकीपन की अभेद्य दीवार बना लेते हैं, जिसे कं ई पार न कर सके।

दूसरी श्रेणी में आते हैं वहमी औ शक्की लोग, जो हमेशा दूसरों की नीयत पर शक करते रहते हैं। इन लोगों को दूसरों से हमेशा छल-कपट और धोखेबाजी का डर बना रहता है। दुनिया के मेले में वे ख़ुद को असुरक्षित पाते हैं। वे हमेशा कल्पना-लोक में ही विचरण करते रहते हैं और असली दुनिया को विपरीत परिस्थितियों के कारण कोसते रहते हैं। मित्रों की कमी को ऐसे लोग जमीन-जायदाद या धन-दौलत से पूरा करने का प्रयत्न करते हैं और अवसाद व खिन्नता से घिरे रहते हैं। किसी ने क्या खूब कहा है :

कहने को आपका शहर मेरा भी शहर है,
इस शहर के भीतर का खालीपन देखिए।
मिलते नहीं आपस में हम दिल खोलकर,
इस भीड़ में तनहा-सा हर इनसान देखिए।

अकेलेपन की कैद में रहनेवाले तीसरे तरह के लोग गम्भीर, पूर्णतावादी, अति सिद्धान्तवादी अथवा अहंकारी होते हैं। इन्हें मित्र बनाना या मित्रों पर किसी बात के लिए निर्भर रहना खुद की तौहीन लगती है। ऐसे लोगों के मित्र नहीं बन पाते क्योंकि वे खुद कभी मित्रता के लिए पहल नहीं करते, कोई गलती से मित्र बन जाए तो उसे वे तानाशाह की तरह पूरी तरह से अपने नियंत्रण में रखना चाहते हैं। आप कैसे रहें और किससे बात करें, ये भी वे ही तय करना चाहते हैं। स्वाभाविक रूप से यह दोस्ती टूट जाती है और उन्हें अकेले ही रहना पड़ता है।

अगर आप इन तीन प्रकारों में से किसी भी कारण से अकेलेपन की कैद में हैं, तो खुद को मुक्त करने का प्रयास कीजिए। मित्रों का होना हमारे व्यक्तित्व और ज्ञान के विकास के लिए बेहद जरूरी है। मैत्री, प्रेम और मिलनसारिता जीवन को सुखी बनाती है। आनन्द देती है। इसलिए आपके पास कम-से-कम एक-दो ऐसे सच्चे मित्र होना जरूरी है, जिनके सामने आप अपने मन के सुख और दुख दिल खोलकर बता सकें, जो आपको सही सलाह दे सकें और आपकी कमजोरियों का मजाक न उड़ाएँ। ऐसे मित्र बनाने के लिए पहले आप अपने मन की गाँठों को खोलकर मिलनसार और खुशमिजाज बनने का प्रयत्न कीजिए, दूसरों के सुख के साथ-साथ दुख को भी बाँटने का प्रयास कीजिए। दूसरों की गलतियों को माफ करने की कोशिश

कीजिए और कमियों को नजरअन्दाज कीजिए फिर देखिए आपको कितनी खुशियाँ मिलती हैं। जो खुशी आप दूसरों को निःस्वार्थ भाव से देते हैं, वह हजार गुना होकर आपके पास लौट आती है।

अब आप स्वयं ही तय कीजिए कि आप क्या चाहते हैं? अकेलेपन की कैद में रहना या मित्रता और सौहार्द्र के खुले आकाश में खुशियों की उड़ान भरना?

नेकी कर दरिया में डाल

क्या लोगों की एहसान–फरामोशी आपके दुखों का कारण है? क्या आप यह महसूस करते हैं कि आप जितनी शिद्दत और दिल से लोगों की मदद करते हैं, सामने वाले उस अनुपात में आपका अहसान नहीं मानते? यदि हाँ, तो घबराने की नहीं, इसे ठीक तरह से समझने की आवश्यकता है। यह एक तरह का मनोविज्ञान है कि मनुष्य जब किसी पर अहसान कर देता है और बदले में उसका प्रतिमूल्य नहीं मिलता, तो उसे अपना सारा जीवन ही व्यर्थ लगने लगता है। पर आप यह मानकर चलिए कि कृतज्ञता मानव स्वभाव का अभिन्न अंग नहीं है। रोमन विचारक मार्क्स ओरेलियस ने लिखा है, ''मैं दिन भर ऐसे लोगों से मिलता हूँ, जो स्वार्थी, अहंवादी, धोखेबाज, अवसरवादी और कृतघ्न हैं, पर उनसे मिलकर मुझे अफसोस नहीं होता, क्योंकि ऐसे संसार की कल्पना भी मुश्किल है, जिसमें ऐसे लोग न हों!''

कुछ लोगों में कृतघ्नता जरूरत से ज्यादा होती है पर ऐसे लोग भी जो कृतज्ञ होते हैं, ज्यादा दिनों तक किसी के अहसान के बोझ तले दबे नहीं रह सकते। इसलिए यदि आपने किसी पर अहसान किया भी है तो उसे इस तरह बार–बार जताकर प्रदर्शित मत कीजिए कि सामने वाला उसे एक बोझ समझने लग जाए। एहसान–फरामोशी से बचने का एक ही उपाय है कि हम किए हुए उपकार का प्रतिफल पाने की लालसा ही न रखें। इसीलिए कहा गया है, ''नेकी कर दरिया में डाल।'' जब आप इस तरह का रुख अख्तियार करेंगे, तो भले लोगों का इस पर अच्छा असर पड़ेगा और वे मन ही मन आपको धन्यवाद भी देंगे और आपके उपकार के लिए कृतज्ञ भी होंगे। कृतघ्न लोग जरूर उपकार नहीं मानेंगे पर वे जताने पर भी कहाँ माननेवाले हैं? अलबत्ता आपकी मानसिक शान्ति जरूर खो जाएगी इसलिए उपकार करके भूल जाने की आदत आपके लिए मानसिक शान्ति का कारण बन सकती है।

जब आप किसी के लिए कोई अच्छा काम करें, तो मन में मानसिक सन्तुष्टि का भाव रखें। यह कोई सौदेबाजी या लेन–देन नहीं कि जितना प्रेम

और सहयोग हम दें, उसी अनुपात में और उसी तोल–मोल में हम उसका स्नेह या सेवा लें। हमें यह आशा नहीं रखनी चाहिए कि जैसी और जितनी सहायता हमने दूसरों की और अपनों की की है उतनी और वैसी ही कृतज्ञता वह हमेशा जताता रहे।

हमें यह मानकर चलना चाहिए कि अगर हमने अपनी सन्तानों के लिए भारी त्याग किया है, तो वह उन पर कोई अहसान नहीं बल्कि हमारी ममता, मोह और कर्तव्य था और उसे निभाने में हमें असीम आनन्द मिला था, तो हम उसके प्रतिफल की उम्मीद क्यों रखें? हम किसी के प्रति कोई अच्छा काम अपना नैतिक दायित्व समझकर करें, कृतज्ञता वसूलने के लिए नहीं। किसी भी एहसान–फरामोश से दुखी होना मानव स्वभाव के प्रति हमारी अज्ञानता का प्रमाण है। उम्मीद न होने पर कोई अहसान मान ले, तो हमें खुशी ही होगी।

दूसरी ओर, हर व्यक्ति को दूसरों के किए उपकार को मानना भी सीखना चाहिए। यदि आपका किसी ने कुछ अंशों में भी कुछ भला किया है तो उसके प्रति आपको धन्यवाद के भाव रखने चाहिए। यदि किसी के किए हुए उपकारों को मानकर हम कभी–कभार उसका उल्लेख भर कर दें, उसके प्रति आभार प्रदर्शित कर दें, तो न सिर्फ हम उपकार करनेवाले को उसका हक दे देंगे बल्कि सम्पूर्ण मनुष्य जाति को एक–दूसरे की सहायता निःस्वार्थ कर्तव्य भाव से करने की प्रेरणा और प्रोत्साहन भी दे रहे होंगे।

इसलिए जब आप किसी पर उपकार करें तो 'नेकी कर दरिया में डाल' वाली कहावत के अनुसार करें और जब आप पर कोई उपकार करे, तो आप उसके प्रति पूर्णतः कृतज्ञता ज्ञापित करें। अगर सभी अपना व्यवहार इसी तरह का रखेंगे तो समाज में तो सामंजस्यपूर्ण व्यवहार बना रहेगा और आप अपने मन में भी असीम सन्तुष्टि का अनुभव कर पाएँगे।

दुआ कभी खाली नहीं जाती

कहा जाता है कि दवा से भी बड़ी दुआ है, अगर वो सच्चे दिल से निकली हो। इसमें एक रूहानी ताकत होती है। कहते हैं न :

दिल से निकली दुआ खाली नहीं जाती,
यानि कि वह भगवान से भी टाली नहीं जाती।

दुआ के असर से मरणासन्न व्यक्ति के शरीर में भी मानो प्राण का संचार हो जाता है। दुआएँ हमारे पुण्यों और सद्‌कर्मों का प्रतीक हैं। ऐसा कहते हैं कि प्रारब्ध में जो लिखा है, वह कभी नहीं टलता परन्तु सूफी-सन्तों की दुआ आपके प्रारब्ध कर्मों के दर्द को भी कम करने की शक्ति रखती है। लौकिक या सांसारिक शक्तियाँ जहाँ जवाब देने लगती हैं, वहीं से दुआ की अलौकिक शक्ति का प्रारम्भ होता है जिसके पास दुआ की शक्ति है, मान लीजिए वह सर्वाधिक शक्तिशाली है। प्रसिद्ध अभिनेता अमिताभ बच्चन इसका ज्वलन्त उदाहरण हैं कि दवा से ज्यादा उनके लाखों चाहनेवालों की दुआएँ उन्हें मौत के मुँह से वापस ले आईं। इसी तरह कैंसर से पीड़ित अभिनेत्री नरगिस दत्त के आखिरी दिनों में भी डॉक्टर्स आश्चर्यचकित थे कि उन्हें कैंसर के आखिरी स्टेज में भी इस तरह की ऊर्जा कहाँ से मिलती है। सुनील दत्त का कहना था कि यह सब दुआओं का असर था।

एक बार मुगल बादशाह बाबर का बेटा हुमायूँ बीमार पड़ गया। हकीमों की सभी कोशिशों के बाद भी उसकी हालत बिगड़ती जा रही थी। अन्ततः वैद्यों ने भी जवाब दे दिया। सभी कहने लगे कि अब हुमायूँ को दवा नहीं, दुआ ही ठीक कर सकती है।

बाबर ने हुमायूँ के पलंग के चक्कर लगाए एवं सच्चे मन से खुदा से दुआ की और कहा, ''या अल्लाह! मेरा बेटा ठीक हो जाए और उसकी बीमारी मुझे मिल जाए।'' ऐसा ही हुआ। हुमायूँ ठीक हो गया, बाबर बीमार पड़ गया और कहते हैं कि इसी बीमारी के कारण ही उसकी मृत्यु हो गई।

प्राचीनकाल में भी जब प्रकृति के छोटे–छोटे प्रकोपों से इनसान डर जाता था, तो घबराकर ईश्वर से प्रार्थना करने लग जाता था। उसी समय से मानव मस्तिष्क का अनुकूलन हो चुका था कि नास्तिक से नास्तिक व्यक्ति भी संकट के समय में ईश्वर या किसी अलौकिक शक्ति को याद करने लग जाता है। दरअसल दुआ की शक्ति हमारे मन के किसी कोने में छुपी पारलौकिक शक्ति का प्रकटीकरण है। यह उस ताकत को जगा देती है जिसके आगे दुनिया की सभी शक्तियाँ बौनी हो जाती हैं। यह जादुई शक्ति हमें टूटने से बचाती है।

याद रखिए, दुआओं की शक्ति जिसके पास है, वह दुनिया का सबसे शक्तिशाली व्यक्ति है, उसे कोई हरा नहीं सकता। सुर–आसुरी सभी शक्तियों को उसके सामने नतमस्तक होना पड़ता है।

कड़वी बातों को भूलो और क्षमा करो

हम अपने रोजमर्रा के जीवन में सैकड़ों तरह के लोगों से मिलते-जुलते हैं और व्यवहार करते हैं, ऐसे में कई बार ऐसी अप्रिय स्थितियाँ भी पैदा हो जाती हैं, जब कोई हमसे कड़वी बात कह जाता है या हम भी तैश में आकर कभी किसी को कुछ कड़वा कह देते हैं। अपने प्रियजन या मित्र को कड़वी बात कहकर जब हम पछताते हैं तो क्षमा माँगकर अपना मन हल्का कर लेते हैं और पश्चात्ताप की जकड़ से मुक्त हो जाते हैं। मगर क्षमा माँगने से भी कठिन होता है क्षमा कर देना। जब स्थिति उल्टी हो मतलब आपसे किसी ने कड़वी बात कह दी हो तो आप उसे आसानी से माफ नहीं कर पाते, उस घटना को भूल ही नहीं पाते। किसी ने ठीक ही कहा है कि हमें अच्छी याददाश्त की उतनी जरूरत नहीं होती, जितनी कि कड़वी बातों के लिए अच्छे भुलक्कड़पन की।

कई लोग इतने अति संवेदनशील, इतने नाजुक मिजाज और इतने बीमार दिमाग वाले होते हैं कि जीवन की अच्छी यादों को सँजोकर रखने की बजाय ज़िन्दगी भर कड़वी बातों को दिलोदिमाग में इकट्ठा करके रख लेते हैं। उन्हें बड़े होने तक भी माता-पिता या बड़े भाई-बहनों की फटकार याद रहती है, सहपाठियों या मित्रों की बातें चुभती रहती हैं, दफ्तर के अधिकारियों द्वारा बरसों पहले किए गए किसी अपमान को भी वे दिल के कोने में फाइल बनाकर जमाए रखते हैं। वे अतीत की कड़वी बातों को तीर बनाकर खुद के दिल को दिन-रात छलनी किए रहते हैं और अपनी नींद हराम किए रहते हैं। एक प्रकार की नकारात्मकता उन पर सदा हावी रहती है। इस वर्ग में ऐसे लोग आते हैं, जिनका दिमाग छोटे बच्चों की तरह बचकाना ही होता है। बचकाने लोग हमेशा खुद को सही और दूसरों को गलत ही मानते हैं। जो लोग ज्यादा अकेले रहना पसन्द करते हैं, उनका भी मन कुंठा और नकारात्मकता से भर जाता है और वे दूसरों की ही नहीं, खुद की भी भूतकालीन गलतियों पर पछतावा करते रहते हैं। अगर आप भी ऐसी आदत का शिकार हैं तो सावधान हो जाइए, क्योंकि मेडिकल साइंस भी इस बात की पुष्टि कर चुका है कि

निरन्तर गुस्से में बने रहनेवाला व्यक्ति कई प्रकार की मानसिक और शारीरिक व्याधियों का शिकार हो सकता है। उसे आमाशय व्रण (पेप्टिक अल्सर) और अम्लता (एसिडिटी) जैसी शिकायतें शुरू हो सकती हैं। इसके अलावा दस्त, अतिसार, पेशीय तनाव, सिरदर्द, आँखों के आगे धुँधलापन आना, कमर में दर्द, गरदन में दर्द आदि लक्षण भी पैदा हो सकते हैं। खूब अधिक उत्तेजित होने से दिल की धड़कन तेज होकर एंजाइना जैसे हृदय रोगों को जन्म दे सकती है और उच्च रक्तचाप की बीमारी तो क्रोधी व्यक्ति के लिए अभिशाप बन सकती है।

इसलिए कड़वी बातों को भूलकर दूसरों को और खुद को क्षमा करना आपके अपने मानसिक और शारीरिक स्वास्थ्य के लिए बेहतर है। इस बात में कोई सन्देह नहीं कि कड़वी बातों को भूल जाने की क्षमता और दूसरों की गलतियों को सरल भाव से भुला देने की आदत ज़िन्दगी को आनन्दपूर्ण बना सकने की पुख्ता गारंटी है। एक बार मन के पंछी को कड़वी यादों की कैद से आजाद करके तो देखिए, आपको यकीनन खुली हवा में साँस लेने का अहसास होगा। अपनी जीवन-यात्रा को सफल बनाने के लिए शत्रुभाव समाप्त करके मित्रों की संख्या बढ़ाइए, गुस्से में मौन रहकर सहनशीलता पैदा कीजिए और दुनिया के सैकड़ों तरह की प्रवृत्ति वाले लोगों के साथ सामंजस्य और समायोजन स्थापित करने का प्रयास कीजिए। आप पाएँगे कि आप पहले से भी अधिक सुखी हो गए हैं।

याद रखिए, सभी प्रकार के सम्बन्धों को मैत्रीभाव से एक बगिया के माली की तरह सींचते रहने से और प्रेमपूर्ण व्यवहार की खाद देते रहने से आनन्द और खुशी के फूल खिलते नजर आएँगे। सुखी जीवन का मूलमंत्र है—कड़वी बातों को भूलो और क्षमा करो। कहा गया है :

महक उठेगी दुनिया सारी, यदि क्षमा के फूल खिला लो।
वैर-विरोध मिटाकर मन के अन्दर स्नेह के दीप जला लो।।

मत सोच, बुढ़ापा कहाँ है

वृद्धावस्था वह अवस्था है जब व्यक्ति अपने जीवन में अत्यन्त सम्मानजनक स्थान पा लेता है। केवल इसलिए नहीं कि वह आयुवृद्ध है अपितु कर्म की भट्ठी में तपकर अपने कर्तव्यों का सफल निर्वाह कर वह अपने अनुभवों की पूँजी से समृद्ध होकर हमारे समक्ष विशाल वटवृक्ष की भाँति है। कहा भी गया है—अनुभवों की भट्ठी में तपकर जो ढलते हैं, दुनिया के बाजार में सिक्के वही चलते हैं।

याद रखिए, मध्य आयु, अधेड़ उम्र और पकी हुई उम्र, जीवन की वह ऋतु है जो अपने साथ मीठे और पके हुए फलों की बहार लाती है। इस मौसम से डरिए मत, यह फसलों के पकने का मौसम है। यह वह उम्र है जो हमें शिखर पर ले जाती है। सभी क्षेत्रों में देखा जाता है कि अनुयायी या कार्यकर्ता भले ही नौजवान हों मगर निर्णय लेनेवाले और नीतियाँ बनानेवाले लोग प्राय: वृद्धावस्था या पकी उम्र के होते हैं।

बूढ़ा या बुढ़ापा शब्द कानों में गूँजते ही जो एक चित्र हमारे मानस-पटल पर उभरकर आता है, वह है एक जर्जर, लाचार, बीमार, खाट पर पड़ी ज़िन्दगी जो अभिशप्त सी है। हमने बूढ़ों के प्रति एक धारणा निर्मित कर ली है कि बूढ़ा वही है जो आराम करता रहे, भजन गाए, मन्दिर जाए, राम नाम जपता रहे और हमेशा आशीर्वाद की मुद्रा में उसके हाथ उठे रहें। बूढ़ों के प्रति ऐसी उपेक्षा को देखकर किसी ने कहा है :

एक अदद बुढ़ापा
कितना विवश कर देता है
तमाम चर्चाओं की
धुरी रहे व्यक्तित्व को
कितनी बेरहमी से
हाशिए पर धकेल देता है।

इसी प्रकार एक बूढ़े व्यक्ति ने अपने मन की व्यथा को इस प्रकार व्यक्त किया है :

मेरे जीवन की उपयोगिता समाप्त हो गई है
'एक्सपायरी डेट' निकल जाने के बाद
आले में रखी दवा की शीशी की तरह
जिसका अस्तित्व तो रहता है
पर फिर भी उपेक्षित पड़ी रहती है
घर के किसी कोने में
अन्तिम रूप से फेंके जाने की प्रतीक्षा में

सेवानिवृत्ति के पश्चात् व्यक्ति की क्या स्थिति होती है, इस सम्बन्ध में किसी ने कहा है :

फटा कैलेंडर हो गए आज रिटायर्ड बाप,
कहाँ इन्हें टाँगें सब सोच रहे चुपचाप।

आज के युग में जहाँ संस्कारों, मान-मर्यादा, रीति-रिवाजों की बलि चढ़ रही है वहीं वृद्धों की सार-सँभाल, देखभाल एक आम समस्या हो गई है। आज एकाकी परिवारों की संख्या निरन्तर बढ़ रही है। माँ-बाप को सहारा देने, बुढ़ापे की लाठी बनने, आँखों की रोशनी बनकर राह दिखाने और बूढ़े माता-पिता की सेवा करने की परम्परागत मान्यताओं को तिलांजलि देकर युवा पीढ़ी अपने आपमें मस्त है। ज़िन्दगी के दर्द से बोझिल बुढ़ापा अब समाज के हाशिए पर ही गुजर-बसर करने को मजबूर है। इनकी अश्रुपूरित आँखों में लाचारी और अपनत्व की आशा-निराशा है।

युवा पीढ़ी को यह सत्य कभी नहीं भूलना चाहिए कि यदि जीवित रहे तो वृद्धावस्था सभी की आनी है। भौतिक सुख की लालसा में अपने निजी सुख की जल्दबाजी उचित नहीं है। जिन हाथों ने युवाओं को संघर्ष योग्य बनाया है, उन्हें लाचारी की अवस्था में सहारा दें। अपनी अदम्य वासनाओं को पोसने के बजाय वृद्धजनों के आँसू पोंछें क्योंकि ये वे ही आँसू हैं, जो अपनी सन्तान को जरा सा भी दुखी देखकर टपक जाया करते थे। वृद्धजन हमारी अमूल्य धरोहर हैं, वे किसी वृद्धाश्रम के शिलालेख नहीं हैं। मत भूलिए यह सत्य जो सपने इन्होंने अपनी सन्तान के लिए देखे थे, यदि वे आज चकनाचूर हो रहे हैं तो आप भी अपनी सन्तान के लिए वही सपने देख रहे हैं। फिर कहीं इतिहास ने अपने आपको दोहरा लिया तो हो सकता है कि तब वृद्धाश्रम में भी जगह न रहे। बेहतर होगा, यह सन्देश हमेशा ध्यान में रखें—दूसरों के साथ वह व्यवहार कदापि न करें जो तुम्हें अपने लिए पसन्द नहीं है। इसके साथ ही यह भी याद रखें :

माँ-बाप की सेवा करना फ़र्ज़ है तेरा अहसान नहीं,
क़र्ज़ है इनका तेरे सिर पर, भिक्षा या कोई दान नहीं।

बुढ़ापे का सामना करना भी एक कला है। चूँकि हममें से अधिकांश जीवन की सच्चाइयों से रूबरू नहीं होना चाहते और बुढ़ापा उनमें से एक है। इसलिए हर व्यक्ति बुढ़ापे से हमेशा दूर रहना चाहता है तथा सदाबहार यौवन पाने के लिए प्रयासरत रहता है। क्या ऐसा कोई उपाय है कि बुढ़ापा हमें जर्जर कर सड़ा-गला न सके और हम एक खिले हुए फूल की तरह खुशबू बिखेरते रहें और चुपचाप डाली से झड़ जाएँ। मनोवैज्ञानिकों ने ऐसे हजारों लोगों का अध्ययन किया है जो मरते दम तक जवान बने रहे। जिनका जोश युवा लोगों को भी शर्मिन्दा करता था और वे एक लम्बी उम्र तक बिना थके जीवन गुजारते रहे। उनकी जीवन शैली से हम बुढ़ापे को जीतने की कला सीख सकते हैं।

इन सभी लोगों में एक बात सामान्य यह पाई जाती है कि इन्होंने अपने जीवन में ठहराव या जड़ता को नहीं आने दिया। ये लोग कभी काम-धाम छोड़कर निष्क्रिय नहीं हुए। ऐसे लोग अपनी रुचि के किसी काम में खोए रहते हैं। वे वक्त बर्बाद नहीं करते, काम पूरा करते हैं। खुशवन्त सिंह 99 वर्ष के हो गए हैं। उनकी पिछली किताब 96 वर्ष की उम्र में आई थी। अब भी वे यदा-कदा स्तम्भ लिखते रहते हैं। हँसोड़ और मस्तमौला हैं। अन्ना मेरी रॉबर्ट्र्सन मोजेस 75 वर्ष की थीं जब उन्होंने पहली बार चित्रकारी की। 1961 में 101 वर्ष की आयु में निधन तक उन्होंने खूब चित्र बनाए।

आप दुनिया के सभी दीर्घजीवी व्यक्तियों के जीवन का अध्ययन कीजिए। यही एक बात बार-बार सामने आती है कि उनमें से कोई भी बिस्तर पर लेटे रहनेवाला या अपनी खाट पर चुपचाप सिर झुकाकर बैठे हुए समय काटनेवाला नहीं था। लुइगी कानेरो की उम्र 83 वर्ष थी जब उन्होंने बुढ़ापे की चिकित्सा पर लेखन शुरू किया। उन्होंने 'जॉयस ऑफ ओल्ड एज' नामक पुस्तक की रचना 95 वर्ष की आयु में की थी। अभिनेत्री कोरियोग्राफर जोहरा सहगल 103 साल की हो गई हैं फिर भी मन में मस्ती 12 साल की बच्ची जैसी है। जोहरा का मानना है कि अच्छा हास्य-बोध और किसी मनपसन्द काम में लगे रहना आपको त्रासदी का भी मजेदार पक्ष देखने में सक्षम बनाता है।

वास्तव में सक्रियता बुढ़ापे को रोकने की एकमात्र दवा है। डॉक्टरों के मतानुसार व्यस्त रहनेवाले लोगों पर उम्र का असर बहुत ही धीमे पड़ता है, क्योंकि वे मानसिक रूप से बुढ़ापे के शिकार नहीं होते। जीवन से ऊबे हुए लोग अपनी जिजीविषा जल्दी खो देते हैं, क्योंकि उन्हें जीवित रहने में कोई सार्थकता नजर नहीं आती। ऐसे लोगों के लिए यह आवश्यक है कि वे ऐसा कोई शौक पाल लें या किसी ऐसे समाज कल्याण के कार्य में लग जाएँ, उसमें

डूब जाएँ ताकि उनको यह अहसास हो सके कि वे उपयोगी आदमी हैं, बेकार नहीं। साथ ही प्रकृति का नियम याद रखें :

उम्र बढ़ना दस्तूरे जहाँ है
मत सोच, बुढ़ापा कहाँ है।

श्री रमेश मरदा की निम्न पंक्तियाँ भी वृद्धावस्था में प्रेरणादायक हैं :

ढलते सूरज की लालिमा बनो, अन्धकार बनना ठीक नहीं।
सब खुशियों में शामिल हो, ये क्यों हुआ वो क्यों नहीं।
हर अवसर हर बात पर टोका-टाकी ठीक नहीं।।
परिवर्तन को स्वीकार कर, अनुभवों की राह दिखाऊँ।
पर ऐसे ही चलना होगा, ये जिद करना ठीक नहीं।।
युवावस्था शानदार थी मेरी, वृद्धावस्था भी यादगार होगी।
उम्र बढ़े गौरव की बात, पर बूढ़ा होना ठीक नहीं।।